EV YAPIMI PANNA COTTA TARİFLERİ

Mükemmel İtalyan Tatlısı için Lezzetli ve Kremalı Tarifler.
Tatlı İhtiyacınızı Giderecek 100 Tarif

Abdullah Turan

Telif Hakkı Malzemesi ©2024

Her hakkı saklıdır

Bu kitabın hiçbir bölümü, incelemede kullanılan kısa alıntılar dışında, yayıncının ve telif hakkı sahibinin uygun yazılı izni olmadan, hiçbir şekilde veya yöntemle kullanılamaz veya aktarılamaz. Bu kitap tıbbi, hukuki veya diğer profesyonel tavsiyelerin yerine geçmemelidir.

Sommario
GİRİŞ 6
1. Basit Panna Cotta 7
MEYVELİ PANNA COTTA 9
2. Vanilya Çilek panna cotta 10
3. Limonlu Panna Cotta 12
4. Çilekli Panna Cotta 15
5. Limonlu jöleli ayran panna cotta 17
6. Berry Jel Panna Cotta 20
7. Ahududu Gelee Panna Cotta 24
8. Yuzu Panna Cotta 27
9. Portakal Şurubu Panna Cotta 29
10. Böğürtlen Balı Panna Cotta 32
11. Hindistan Cevizli Panna Cotta Tutku Meyveli 34
12. Zencefilli Kurabiye Kızılcık Panna Cotta Kek 37
13. Narlı Panna Cotta 40
14. Limonlu Panna Cotta 42
15. Kan Portakallı Panna Cotta 44
16. Kayısı ve Ballı Panna Cotta 46
17. Böğürtlenli Creme Fraiche Panna Cotta 48
18. Panna Cotta ve Mango Mousse Kubbeleri 50
19. Mango Panna Cotta 53
20. Hindistan Cevizi Suyu Safranlı Panna Cotta 55
21. Böğürtlen soslu vanilyalı panna cotta 57
22. Portakallı Panna Cotta ve Portakallı Jöle 59
23. Karamelize fıstıklı çilekli panna cotta 62
24. Çilek ve kivi panna cotta 64
25. Narenciye Soslu Ayran Panna Cotta 66
26. Erikli panna cotta 68
27. Mango Panna Cotta, Bükülmüş Şeker süslemeli 70
28. Ananas soslu Hindistan cevizi panna cotta 73
29. Üç Renkli Panna Cotta Lokumu 75
30. Mango Lassi Panna Cotta 78
31. Hindistan Cevizi Sütü ve Portakallı Panna Cotta 80
32. Nar panna cotta 82
33. Yeşil Beyaz Panna Cotta 84
34. Hurma Püreli Yunan Yoğurtlu Panna Cotta 86
35. Karpuz pannası kota 89
36. Mango lychee panna cotta 91
37. Trabzon hurması panna cotta 93
38. Muhallebi ve Karpuz Panna cotta 95

39. Panna Cotta'lı Jöleli Armut Kompostosu 97
ÇİKOLATA, KELEPÇE VE KARAMEL 100
40. Karamel soslu panna cotta 101
41. Çikolatalı Panna Cotta 104
42. Yumurtasız Çikolatalı Panna Cotta Kremasız 106
43. Ferrero Rocher Panna Cotta 108
44. Bisküvili tartta tereyağlı Panna cotta 110
45. Lindt bitter çikolatalı İtalyan Panna Cotta 113
46. Beyaz Çikolatalı Panna Cotta 115
47. Beyaz çikolatalı panna Cotta yaban mersini soslu 117
48. Karamela Soslu Panna Cotta 119
KAHVE VE ÇAY 122
49. Balon Sütlü Çay Panna Cotta 123
50. Kahlúa ile Kahve Panna Cotta 127
51. Mocha Panna Cotta 129
52. Espresso panna cotta 131
53. İtalyan kahvesi panna cotta tatlısı 133
54. Çay Panna Cotta 135
HUBUBAT PANNA COTTA 137
55. Tahıl sütü panna cotta 138
56. Tahıl Panna Cotta 140
57. Pirinç Panna cotta 142
PEYNİRLİ PANNA COTTA 144
58. Mascarpone panna cotta 145
59. Ayran Keçi Peyniri İncirli Panna Cotta 148
60. Tiramisu Panna Cotta 151
61. Armutlu mavi peynirli panna cotta 154
62. Kremalı Krem Peynirli Panna Cotta 156
CEVİZLİ PANNA COTTA 158
63. Mocha Soslu Badem Panna Cotta 159
64. Cappuccino Panna Cotta Fındık Şuruplu 162
65. Fıstıklı Panna Cotta 164
66. Kavrulmuş Ravent ve Fıstıklı Panna Cotta 166
67. Hindistan Cevizi Sütü ve Fındık Panna Cotta 168
BAHARATLI PANNA COTTA 170
68. Kakule-Hindistan Cevizli Panna Cotta 171
69. Baharatlı Meyve Kompostolu Tarçınlı Panna Cotta 173
70. Kakule ve Kan Portakallı Panna Cotta 176
71. Jaggery ve Hindistan Cevizli Panna Cotta 179
72. Kakule-ballı yoğurt Panna cotta 181

OTLU PANNA COTTA ... 183
73. Matcha Panna Cotta ... 184
74. Jamun Soslu Limon Otu Fesleğen Tohumlu Pannacotta ... 186
75. Rosé Haşlanmış Kayısılı Fesleğenli Panna Cotta ... 189
76. Fıstıklı ve Fesleğenli Panna Cotta ... 192
77. Safran Fıstıklı Panna Cotta ... 194

ÇİÇEKLİ PANNA COTTA ... 196
78. Mürver çiçeği panna cotta çilekli ... 197
79. Limon Şuruplu Lavanta Panna Cotta ... 200
80. Kelebek Bezelye İnfüzyonlu Panna Cotta ... 203
81. Hibiscus Berry Soslu Vanilyalı Hindistan Cevizli Panna Cotta ... 205
82. Yaban Mersini ve Leylak Şurubu Panna Cotta ... 208
83. Ballı Papatya Panna Cotta ... 212
84. Gül yoğurtlu panna cotta ... 214
85. Gulab Panna Cotta ... 216
86. Zencefil Güllü panna-cotta ... 218

SARILMIŞ PANNA COTTA ... 220
87. Küçük bardaklarda şampanya panna cotta, üzerinde meyveler var 221
88. Bourbon Haşlanmış Armut Panna Cotta ... 224
89. Ayyaş Eggnog Panna Cotta ... 227
90. Baileys Panna Cotta ... 229
91. Malibu Rumlu Hindistan Cevizli Panna Cotta ... 231
92. Pina Colada Limonlu ve Ananaslı Panna Cotta ... 233
93. Konyak Panna cotta ... 236
94. Hindistan Cevizli Panna Cotta, Böğürtlen, Kekik ve Sloe Cin ile 238
95. Şeftali Vanilya Fasulyesi Panna Cotta Romlu Krem Şanti ... 241
96. Misket Limonu Eklenmiş Berry Panna Cotta, meyveler ve gazoz ile 244
97. Earl Grey Panna Cotta ... 246
98. Azuki Panna Cotta ... 248
99. Balkabağı Romlu Panna Cotta ... 250
100. Siyah Susamlı Panna Cotta ... 252

ÇÖZÜM ... 254

GİRİİŞ

En çok bilinen ve sıklıkla talep edilen tatlılardan biri olan panna cotta - kelimenin tam anlamıyla "pişmiş krema" - Piedmont kökenlidir ve krema ve şekerden yapılır. Farklı versiyonları ve tatları var. Narin tatlılığı, pürüzsüz dokusu ve zarif kaplama şekli, onu yemeğin sonunda mükemmel bir ikram haline getiriyor.

Panna cotta hazırlamak için çok taze krema şekerle ısıtılır, ardından ıslatılıp sıkılmış olan isinglass eklenir. Bu son bileşen, tatlıya yumuşak ve jelatinimsi bir kıvam kazandırmak için kullanılır. Karışım daha sonra servis edilmeden önce buzdolabında en az altı saat soğumaya bırakılır.

İtalya'daki hemen hemen her tatlı menüsünde yer alan panna cotta, kaşıkla yenilen en popüler tatlılardan biridir. Bazı çeşitler kahveyle, bazıları lavantayla, belki badem, biberiye veya karamelle tatlandırılır; ve masaya her zaman çilek, çikolata, krema veya karamel bazlı sıcak soslarla getirilir.

1. Basit Panna Cotta

Servis 6

İÇİNDEKİLER:
- 3 yemek kaşığı soğuk su
- ¼ ons (1 paket) toz jelatin
- 1 litre ağır krema
- ½ su bardağı toz şeker
- ⅛ çay kaşığı koşer tuzu
- 1 vanilya çekirdeği, bölünmüş, tohumlar kazınmış, bakla ayrılmış

TALİMATLAR:
a) Jelatini çiçeklendirin. Suyu küçük bir kaseye koyun ve jelatini yavaşça karıştırın; 5 dakika bekletin (koyulaşacak ve elma püresine benzeyecektir).
b) Üssü yapın. Ağır dipli bir tencerede, orta-düşük sıcaklıkta, kremayı, şekeri, tuzu, vanilya tohumlarını ve vanilya çekirdeği kabuğunu ara sıra çırparak kaynamaya getirin. Kaynadıktan sonra ocaktan alın. Çiçeklenmiş jelatini ekleyin. Jelatin eriyene ve tamamen karışana kadar 1 ila 2 dakika boyunca sürekli çırpın.
c) Tabanı soğutun. Büyük bir kaseyi buz ve suyla doldurun. Orta dereceli ısıya dayanıklı bir kabın üzerine ince gözenekli bir süzgeç yerleştirin. Kremayı süzgeçten süzün. Kaseyi buz banyosuna yerleştirin ve kremaya yerleştirilen anında okunan termometre 60°F'yi gösterene kadar her 5 dakikada bir lastik bir spatula ile karıştırarak soğutun.
ç) Panna cotta'yı dökün. Kremayı 6 (6 ons) ramekin arasında eşit olarak bölün. (Kremanın tamamının kullanıldığından emin olmak için kasenin kenarlarını kazımak için bir spatula kullanın.) Her ramekini plastik ambalajla yavaşça sarın ve 12 ila 16 saat buzdolabında saklayın.
d) Panna cotta'yı kalıptan çıkarın. Ertesi gün, ramekinlerin kenarı boyunca dengeli bir spatula veya soyma bıçağını dikkatlice gezdirin. Bir kaseyi ılık suyla doldurun. Her bir ramekin tabanını ılık suda 5 saniye tutun. Her panna cotta'yı bir tabağa ters çevirin ve servis yapın.

MEYVELİ PANNA COTTA

2. Vanilya Çilek panna cotta

Yapım: 4 Porsiyon

İÇİNDEKİLER:
- 2 su bardağı krema
- ¼ bardak Şeker, artı 3 yemek kaşığı
- 2 Vanilya fasulyesi – ikisi de ikiye bölünmüş, birinden tohumlar kazınmış
- ½ çay kaşığı Vanilya ezmesi
- 1 Yemek Kaşığı Yağ
- ½ bardak soğuk suyla karıştırılmış
- 125 gr Punnet çileği
- ½ fincan Kırmızı şarap

TALİMATLAR:

a) Kremayı ve yarım su bardağı şekeri bir tencerede şekerin tamamı eriyene kadar yavaşça ısıtın. Ateşten alın ve vanilya ekstraktını ve 1 vanilya çekirdeğini, içinden kazınan tohumlarla birlikte karıştırın.

b) Jelatini geniş bir kaptaki soğuk suyun üzerine serpin ve yavaşça karıştırın.

c) Isıtılmış kremayı jelatinin üzerine dökün ve jelatin eriyene kadar iyice karıştırın. Karışımı bir elek ile süzün.

ç) Karışımı yağlanmış kaselere paylaştırın ve donana kadar buzdolabında saklayın. Bu genellikle 3 saate kadar sürer.

d) Bir tencerede kırmızı şarabı, 6 yemek kaşığı şekeri ve kalan vanilya çubuğunu kaynayana kadar ısıtın.

e) Çilekleri durulayın, soyun ve dilimleyin ve şuruba ekleyin, ardından ortaya çıkan panna cotta'nın üzerine kaşıkla dökün.

3. Limonlu Panna Cotta

Yapım: 6

İÇİNDEKİLER:
- 1 zarf Agar Tozu
- 2 bardak bitki bazlı Esrar Sütü
- 2 yemek kaşığı kaju kreması
- ½ bardak şeker
- 2 çay kaşığı saf vanilya özü
- 2 ¼ bardak soya yoğurdu
- 2 çay kaşığı limon suyu

MEYVE ÜSTÜ İÇİN:
- 1 bardak ahududu, kırmızı ve altın
- 2 su bardağı karışık çilek veya yaban mersini
- 2 şeftali, soyulmuş, ince dilimlenmiş
- 2 çay kaşığı kanna şekeri
- 1 ons Votka
- 1 ons Campari
- 1 yemek kaşığı limon kabuğu rendesi

TALİMATLAR:

a) Bir kasede Agar Tozu paketinin tamamını 2 yemek kaşığı kaju kremasının üzerine serpin. Yumuşması için 5 dakika bekleyin.
b) Düşük sıcaklıktaki bir tencerede bitki bazlı Esrar Sütünü, şekeri ve vanilyayı birleştirin.
c) Isıyı kapatmadan önce karışımı birkaç dakika kısık ateşte pişirin.
ç) Bir tencerede Agar Tozu ve krema karışımını tamamen eriyene kadar karıştırın. Orta boy bir karıştırma kabında soya yoğurdunu pürüzsüz hale gelinceye kadar çırpın.
d) Esrar Sütü kombinasyonunu ve limon suyunu yoğurda yavaş yavaş ekleyin.
e) Karışımı altı küçük ramekine bölün. 4 saat veya sertleşene kadar buzdolabında saklayın.
f) Üzerini hazırlamak için meyveyi, Vector Vodka'yı, Cannabis Campari'yi, şekeri ve limon kabuğu rendesini bir karıştırma kabında birleştirin.
g) En az 20 dakika buzdolabında bekletin.
ğ) Panna Cotta'yı çıkarmak için ramekinlerin kenarlarına keskin bir bıçak sürün, ardından ramekini bir tabağa çevirin.
h) Üzerine meyveli karışımı dökerek servis yapın.

4. Çilekli Panna Cotta

Yapım: 6

İÇİNDEKİLER:
- ⅓ bardak süt
- 1 paket aromasız jelatin
- 2 ½ bardak ağır krema
- ¼ bardak şeker
- ¾ bardak dilimlenmiş çilek
- 3 Yemek kaşığı esmer şeker
- 3 yemek kaşığı brendi

TALİMATLAR:
a) Jelatin tamamen eriyene kadar sütü ve jelatini birlikte karıştırın. Denklemden çıkarın.
b) Küçük bir tencerede ağır kremayı ve şekeri kaynatın.
c) Jelatin karışımını ağır kremaya ekleyin ve 1 dakika çırpın.
ç) Karışımı 5 ramekine paylaştırın.
d) Ramekinlerin üzerine plastik ambalajı yerleştirin. Bundan sonra 6 saat soğutun.
e) Bir karıştırma kabında çilekleri, esmer şekeri ve brendiyi birleştirin; en az 1 saat soğutun.
f) Çilekleri panna cotta'nın üzerine yerleştirin.

5. Limonlu jöleli ayran panna cotta

yapar: 4 porsiyon

İÇİNDEKİLER:
PANNA COTTA İÇİN:
- 2 su bardağı Ayran
- 1½ çay kaşığı Toz aromasız jelatin
- ⅔ bardak Ağır krema
- ½ bardak) şeker

JÖLE İÇİN:
- ½ bardak Taze limon suyu
- ½ paket Toz aromasız jelatin
- ¼ bardak Şeker

TALİMATLAR:
PANNA COTTA'YI YAPIN:
a) 1 bardak ayranı ikili kazanın üstüne dökün.
b) Ayranın üzerine jelatini serpin, yaklaşık 5 dakika yumuşamasını bekleyin.
c) Bu arada küçük bir tencerede kremayı ve yarım bardak şekeri kaynatın. Jelatin karışımına krema karışımını ekleyin; kaynayan suyun üzerine koyun; Jelatin eriyene kadar yaklaşık 5 dakika çırpın.
ç) Kalan bir bardak ayranı karıştırın. Karışımı tülbent kaplı süzgeçten geçirin. Bir fırın tepsisine altı adet 4 onsluk ramekin veya küçük kaseler arasında bölün. Kapak; Ayarlanana kadar buzdolabında, yaklaşık 4 saat.

JÖLE YAPIN:
d) ¼ bardak limon suyunu bir karıştırma kabına koyun. Jelatini limon suyunun üzerine serpin ve yaklaşık 5 dakika yumuşamasını bekleyin.
e) Küçük bir tencerede şekeri ve 1 su bardağı suyu yüksek ateşte kaynatın. Şurubu jelatin karışımının üzerine dökün, çözünene kadar çırpın. Kalan ¼ bardak limon suyunu ekleyin. Karışımın oda sıcaklığına dönmesine izin verin.

f) Ayran panna cotta sertleştikten sonra, her bir ramekinin üzerine ¼ inçlik ince bir tabaka limonlu jöle dökün.
g) Ayarlanana kadar buzdolabında, yaklaşık 30 dakika. Panna cotta ramekinleri 24 saate kadar önceden hazırlanabilir, üstü kapatılabilir ve soğutulabilir. Soğuduktan sonra limon şerbeti ve çıtır kurabiyelerle süsleyerek servis yapın.

6. Berry Jel Panna Cotta

Yapım: 6

İÇİNDEKİLER:
ÇİÇEKLENEN JELATİN
- 1 paket toz Knox jelatin
- Toz jelatin kullanıyorsanız 3 yemek kaşığı su

PANNA COTTA
- 1 ½ bardak yarım buçuk veya %3 süt
- ¼ bardak bal
- Bol miktarda deniz tuzu
- 1 yemek kaşığı vanilya fasulyesi ezmesi veya vanilya özü veya 1 vanilya fasulyesi kabuğundan kazınmış vanilya havyarı
- 1 ½ bardak ağır krema / krem şanti

BERRY SIVI JEL
- 200 gr çilek
- 3 yemek kaşığı bal
- ½ yemek kaşığı limon suyu
- Bir tutam tuz
- ½ çay kaşığı toz jelatin 1 altın jelatin tabakası

TALİMATLAR:
JELATİNİ ÇİÇEKLENDİRİN
a) Suyu küçük bir kaseye dökün. Toz jelatini suyun üzerine serpin ve iyice karıştırın. Jelatin suyu çekene kadar bir kenara koyun.

b) Jelatin tabakaları kullanıyorsanız jelatin tabakalarını ikiye bölün. Küçük bir kaseyi soğuk musluk suyuyla doldurun ve jelatin tabakalarını suya batırın. Jelatin yumuşayana kadar en az 10 dakika bekletin. Jelatin tabakalarını kullanmadan önce su kabından çıkarın ve fazla suyunu sıkın.

PANNA COTTA
c) Yarısını bal, tuz ve vanilyayla birlikte küçük bir tencereye koyun.

ç) Orta ateşte ısıtın ve ısınırken karışımı karıştırın. Tuz ve balın çözünüp baza karıştığından emin olun. Karışımın kaynamasına izin VERMEYİN.

d) Yarım buçuk sütlü baz buharlaştığında ocaktan alın.

e) Çiçeklenmiş jelatini doğrudan sıcak karışıma ekleyin ve jelatin tamamen eriyene kadar yavaşça karıştırın / çırpın.
f) Ağır kremayı ekleyin ve karıştırın.
g) Karışımı 6 tabağa bölün. Her porsiyon yaklaşık ½ fincan kapasiteli olacaktır.
ğ) Vanilya tohumlarının karışıma düzgün bir şekilde dağılması için panna cotta karışımını servis tabağına her döktüğünüzde mutlaka karıştırın.
h) Panna cotta'nın hafifçe soğumasını bekleyin, ardından üzerini streç filmle örtün ve bir gece buzdolabında saklayın.

BERRY SIVI JEL

ı) Jelatin çiçek aç
i) ½ çay kaşığı jelatini ½ yemek kaşığı suyla karıştırın ve yaklaşık 10 dakika bekletin.
j) Jelatin tabakaları kullanıyorsanız, jelatin tabakalarını yumuşayana kadar en az 10 dakika boyunca bir kase suya batırın. Yaprakları meyve karışımına eklemeden önce fazla suyu sıktığınızdan emin olun.

BERRY COULIS

k) Çilekleri, balı, tuzu ve limon suyunu küçük bir tencereye koyun.
l) Meyveler parçalanıncaya kadar orta ateşte pişirin. Bu yaklaşık 10-15 dakika sürebilir.
m) Yaklaşık 1 bardak meyve püresi elde edene kadar karışımı pişirin.
n) Dilerseniz meyve püresini olduğu gibi kullanabilirsiniz. Ancak sıvı bir jel yapmak için jelatin eklemeniz gerekecektir.
o) Çiçeklenmiş jelatini meyve püresinde tamamen eriyene kadar karıştırın.
ö) Coulis jölesini katılaşana kadar buzdolabına koyun.
p) Sertleştikten sonra jöle katmanını kırın ve çubuk blender ile kullanılabilecek bir kaba koyun.
r) Pürüzsüz bir macun elde edene kadar meyveli jöleyi karıştırın. Sonunda sıvı bir jel elde edeceksiniz.

HİZMET ETMEK

s) Panna cotta donduktan sonra buzdolabında 3-4 güne kadar saklayabilirsiniz.
ş) Panna cotta'yı üstüne bir parça meyve sıvısı jeli ve taze meyvelerle servis edin.
t) Panna cotta'yı kalıptan çıkarıyorsanız, panna cotta hafifçe gevşeyip kalıptan çıkana kadar kalıbı birkaç saniye ılık suya koyun.
u) Servis tabağına ters çevirin ve panna cotta'nın serbest kalması için kalıba hafifçe vurun veya hafifçe sıkın. Üzerine ahududu püresini dökün ve hemen servis yapın.

7. Ahududu Gelee Panna Cotta

Yapım: 4

İÇİNDEKİLER:
PANNA COTTA İÇİN:
- 1/2 bardak tam yağlı süt
- 1,5 çay kaşığı toz aromasız jelatin
- 1,5 su bardağı ağır krem şanti
- 1/4 su bardağı toz şeker
- 1 çay kaşığı vanilya özü
- 1/4 çay kaşığı tuz

AHUDUDU GELEE İÇİN:
- 3/4 çay kaşığı jelatin zarf
- 1/4 su bardağı su
- 1,5 su bardağı taze veya dondurulmuş ahududu
- 1/4 su bardağı toz şeker
- 2 çay kaşığı limon suyu

TALİMATLAR

a) Ateşten indirilen küçük bir tencerede 1,5 çay kaşığı jelatini sütle birleştirin ve 5 dakika bekletin. Bu işleme çiçeklenme adı verilir ve jelatinin sıvıyı emmesini ve daha sonra eşit şekilde çözülmesini sağlar.

b) Tavayı orta ateşe koyun ve jelatin eriyene kadar, sütü kaynatmamaya dikkat ederek, 5 dakika boyunca sık sık karıştırın. Gerekirse ısıyı orta dereceye düşürün.

c) Ağır kremayı, şekeri, vanilya özütünü ve tuzu ekleyin ve şeker eriyene kadar 5 dakika daha karıştırın. Karışımı ocaktan alın.

ç) Karışımı dilediğiniz 4 bardağa veya ramekine eşit şekilde dökün ve oda sıcaklığında 15 dakika soğumaya bırakın. Daha sonra 6 saat kadar buzdolabında donması için bekletin.

d) Ahududu jeli yapmak için küçük bir tencerede kalan jelatini suyla birleştirin ve 5 dakika bekletin.

e) Ahududu, şeker ve limon suyunu ekleyin ve şeker eriyene kadar 5 dakika pişirin. Ahududu tohumlarını süzmek için ince gözenekli bir elek kullanın.

f) Soğutulmuş panna cotta'nın üzerine eşit şekilde dökmeden önce gelee'nin yaklaşık 10-15 dakika oda sıcaklığına soğumasını bekleyin.

g) Gelee'yi ayarlamak için bir saat daha buzdolabında saklayın. İstenirse üzerine taze meyvelerle servis yapın ve tadını çıkarın!

8. Yuzu Panna Cotta

İÇİNDEKİLER:
- 3 jelatin yaprağı
- 1 bardak tam yağlı süt
- 1 su bardağı çift krema
- 1 yemek kaşığı SPRIG zencefil balı
- ½ çay kaşığı yuzu özü

TALİMATLAR

a) Jelatini orta boy bir kapta 6 yemek kaşığı soğuk suyun üzerine serpin ve 5 ila 10 dakika bekletin.

b) Jelatin yapraklarını biraz soğuk suda, yapraklar yumuşayana kadar bekletin.

c) Orta ateşte ayarlanmış bir tencerede süt, krema, bal ve yuzu özünü kaynama noktasına getirin.

ç) Tavayı ateşten alın. Jelatin yapraklarının suyunu sıkın ve henüz sıcakken kremalı karışıma ekleyin. Jelatin eriyene kadar karıştırın.

d) Kalıplara veya hafif yağlanmış herhangi bir cam/seramik eşyaya dökün ve gece boyunca buzdolabında saklayın.

e) Panna cottalar sertleştikten sonra kalıplardan çıkarın ve taze kırmızı kuş üzümü ile servis yapın.

9. Portakal Şurubu Panna Cotta

Yapım: 6

İÇİNDEKİLER:
PANNA COTTA İÇİN
- 1 1/2 bardak tam yağlı süt
- 3 çay kaşığı toz jelatin
- 1/3 su bardağı pudra şekeri
- 1 1/2 bardak krema
- 1 çay kaşığı vanilya ezmesi
- bir tutam tuz

PORTAKAL ŞURUBU İÇİN
- Yarım büyük portakalın kabuğu rendesi
- 3/4 su bardağı portakal suyu
- 1/4 su bardağı su
- 1/4 su bardağı pudra şekeri
- 1 çay kaşığı toz jelatin

TALİMATLAR
PANNA COTTA İÇİN

a) Panna Cotta'yı ayarlandığında tabağa çıkarmak istiyorsanız, önce dariole kalıplarınıza veya ramekinlerinize yağ spreyi sıkarak başlayın.

b) Sadece hafif bir örtü kalacak şekilde kağıt havluyla silin.

c) Soğuk sütü bir tencereye dökün ve üzerine jelatini serpin. 5 dakika boyunca "çiçek açmasına" izin verin.

ç) Tencerenin altını kısın ve jelatin eriyene kadar bir iki dakika karıştırın.

d) Şekeri ekleyin ve eriyene kadar tekrar karıştırın. Bu yalnızca bir veya iki dakika daha sürecektir. Sütün çok ısınmasına veya kaynama noktasına gelmesine izin vermeyin. Sadece sıcak olmalı.

e) Tencereyi ateşten alın. Kremayı, vanilyayı ve tuzu ekleyip iyice birleşene kadar karıştırın.

f) Tabaklara veya kalıplara dökün. Hemen buzdolabına koyun ve en az 4 saat bekletin.

g) için , bir kabı ılık suyla yaklaşık bir inç kadar doldurun, ardından kalıpları 10-20 saniye boyunca ılık suyun içinde bekletin. Servis tabağınızı Panna Cotta kalıbının üzerine yerleştirip ters çevirin.

ğ) Panna Cotta'yı hafifçe sallayın. Biraz cesaretlendirilmeleri gerekebilir, ancak mükemmel bir şekilde kaymaları gerekir. Bunlar çok uzun süre bekletilirse eriyecektir, bu nedenle servise hazır olana kadar onları söndürmediğinizden emin olun.

PORTAKAL ŞURUBU İÇİN

h) Kabuğu, meyve suyunu, suyu ve şekeri bir tencereye koyun ve şekerin tamamı eriyene kadar karıştırarak pişirin. Isıyı kapatın ve jelatini çözünene kadar karıştırın.

ı) Soğumaya bırakın; güzel, kalın ve şurup kıvamına gelmelidir. Panna Cotta'nın üzerine gezdirin

10. Böğürtlen Balı Panna Cotta

Yapım: 6

İÇİNDEKİLER:
- 1 su bardağı kefir veya ayran
- 4oz zarf aromasız, toz jelatin
- 2 bardak ağır krema
- 1 vanilya çekirdeği, bölünmüş
- 1/4 su bardağı Böğürtlen Balı
- 1/4 çay kaşığı koşer tuzu
- Bir avuç Antep fıstığı, doğranmış

TALİMATLAR

a) Kefiri ölçün ve jelatini üstüne eşit şekilde serpin, ancak karıştırmayın. Taneler ıslak görünene ve çözünmeye başlıyormuş gibi görünene kadar jelatinin yumuşamasını bekleyin, 5-10 dakika.

b) Bu arada kremayı, balı, tuzu ve vanilya çubuğunu orta ateşte bir tencerede kaynayana kadar ısıtın. Balı eritmek için ara sıra karıştırın. Isıyı kapatın ve vanilya çekirdeğini çıkarın, tohumları tencereye kazıyın.

c) Sütü ve jelatini ekleyip jelatin eriyene kadar karıştırın. Karışımı 6 adet ramekin veya bardağa paylaştırın. En az 4 saat ve geceye kadar sertleşinceye kadar örtün ve soğutun. Onları bir gecede bırakacaksanız, her bir ramekini plastik ambalajla örtün.

ç) Panna cotta'ları kalıptan çıkarmak için, her ramekinin üst kenarından ince bir bıçak geçirerek yanlarını serbest bırakın ve bir tabağa ters çevirin. Panna cotta'nın tabağa çıkmasını sağlamak için ramekini hafifçe sallamanız gerekebilir. Her panna cotta'nın üzerine bir kaşık dolusu ravent ve meyve suları ekleyin ve üzerine kıyılmış antep fıstığı serpin.

d) Alternatif olarak, panna cotta'ları doğrudan ramekinlerinden, garnitürlerle birlikte servis edin.

11. Hindistan Cevizli Panna Cotta Tutku Meyveli

Yapım: 6

İÇİNDEKİLER:
HİNDİSTAN CEVİZİ KISMI İÇİN
- 400 g Hindistan cevizi püresi kalın, yüksek yağlı, sulu olmayan
- 80 gr toz şeker
- 4 Jelatin levha 1.7g jelatin / tabaka

ÇARKIFELEK MEYVESİ KISMI İÇİN
- 250 g Çarkıfelek meyvesi püresi taze veya dondurulmuş, çekirdekleri çıkarılmış, sadece birkaç çekirdeği bırakılmış
- 100 gr toz şeker
- 4 Jelatin yaprağı
- Samur kurabiyesi
- 45 gr pudra şekeri
- 115 gr AP unu
- 15 gr Badem unu
- Bir tutam tuz
- 55 gr Tuzsuz tereyağı çok soğuk
- 25 g Yumurta yakl. yarım yumurta
- Beyaz çikolata eritildi
- Rendelenmiş Hindistan cevizi

TALİMATLAR
SAMUR ÇEREZİ
a) Kurabiyeler pişip oda sıcaklığına soğuduktan sonra az miktarda beyaz çikolatayı eritin ve kurabiyeleri üzerine serpin.
b) Kıyılmış hindistancevizi serpin ve bir kenara koyun

PANNA COTTA
c) Hindistan cevizi kısmını hazırlayın: Jelatin tabakalarını soğuk suya batırın
ç) Hindistan cevizi püresini ve şekeri kaynayana ve şeker eriyene kadar ısıtın.
d) Tencereyi ocaktan alın, jelatin tabakalarının fazla suyunu sıkın ve hindistancevizi karışımına karıştırın. Bir kenara koy
e) Çarkıfelek meyvesi kısmını hazırlayın: Jelatin tabakalarını soğuk suya batırın

f) Tohumların çoğundan kurtulmak için çarkıfelek meyvesi püresini bir elekten geçirin. Sadece birkaçını saklayın
g) Çarkıfelek meyvesi püresini şekerle kaynayana ve şeker tamamen eriyene kadar ısıtın.
ğ) Tencereyi ocaktan alın, jelatin tabakalarının fazla suyunu sıkın ve çarkıfelek meyvesi püresine karıştırın. Bir kenara koy

BİRLEŞTİRMEK

h) Hem hindistancevizi kısmı hem de çarkıfelek meyvesi kısmı jelatin içerdiğinden, kalıba tam olarak yerleştirmeden önce tamamen sertleşmelerine izin vermemeye dikkat etmelisiniz, bu nedenle tamamen soğumalarına izin vermeyin. Ara sıra karıştırın
ı) Kalıbınızı alın ve montaj işlemine başlayalım. Beyaz kısmı her boşluğun ortasına sıkın, ardından dış daireye biraz daha hindistan cevizi panna cotta sıkın
i) Hindistan cevizi kısmının bir sonraki adıma geçmeden önce sertleşebilmesi için kalıbı 15 dakika dondurucuya yerleştirin. Hindistan cevizi kremasının geri kalanını oda sıcaklığında bırakın ve ara sıra karıştırın ki donmasın
j) Hindistan cevizi kısmı dondurucuya tamamen yerleştikten sonra çarkıfelek meyvesi kısmını üstüne sıkmaya devam edin
k) Kalıbı tekrar 30 dakika dondurun. Kalıp dondurucudayken donmaması için kalan hindistancevizi kısmını ara sıra karıştırdığınızdan emin olun.
l) Çarkıfelek meyvesi kısmı dondurucuya tamamen yerleştiğinde, kalan beyaz kısmı üstüne sıkmaya devam edin. Dondurucuda en az 6 saat bekletin, bir gece daha iyi olur
m) Panna cottalar tamamen donduktan sonra yavaşça ama sıkı bir şekilde kalıptan çıkarın. Kalıba yapışmaması için özellikle ortasına bastırdığınızdan emin olun.
n) Panna cotta dondurulurken her panna cotta'yı hindistan cevizi samur kurabiyesinin üzerine yerleştirin
o) Panna cotta'nın oda sıcaklığında veya buzdolabında çözülmesini sağlayın.

12. Zencefilli Kurabiye Kızılcık Panna Cotta Kek

Yapım: 4

İÇİNDEKİLER:

Zencefilli Kurabiye Tabanı
- 130 gram zencefilli kurabiye, ezilmiş
- 65 gram süt içermeyen tereyağı veya hindistancevizi yağı, eritilmiş

KIZILCILI JÖLE
- 2 1/2 bardak kızılcık
- 2 bardak su
- 1 portakal, kabuğu rendelenmiş ve suyu sıkılmış
- 1/4 bardak akçaağaç şurubu
- 1 çay kaşığı agar-agar tozu

HİNDİSTAN CEVİZLİ PANNA COTTA
- 1 400 mililitre kutu hindistan cevizi sütü
- 1/4 bardak akçaağaç şurubu
- 65 gram vegan beyaz çikolata
- 1 çay kaşığı saf vanilya özü
- 1 çay kaşığı agar-agar tozu

TALİMATLAR

a) Orta kapta, zencefilli kurabiye tabanı için gerekli malzemeleri birleştirin ve karışımı küçük kek kalıplarına sıkıca bastırın. Sertleşinceye kadar buzdolabında saklayın.

b) Kızılcık, portakal suyu ve lezzetini bir tencerede birleştirin. Akçaağaç şurubunu ve suyu ekleyin. Orta ateşte kaynamaya bırakın ve ara sıra karıştırarak, meyveler patlayıp sos koyulaşıncaya kadar yaklaşık 15 dakika pişirin.

c) Karışımı ince bir süzgeçten geçirin ve kaşığın arkasını kullanarak suyunu sıkın. Kızılcık karışımını rezerve edin.

ç) Kızılcık suyunu tencereye ekleyin, orta ateşte pişirin. Agar-agar ekleyin ve tamamen eriyene kadar karıştırın. 1 dakika kaynamaya bırakın. Karışımı daha sonra tabanın üzerine dökün, soğuyana kadar buzdolabında saklayın.

d) Hindistan cevizi sütünü bir tencereye ekleyin, orta ateşte sürekli karıştırarak 1 dakika pişirin. Agar-agar ekleyin ve tamamen eriyene kadar karıştırın. Beyaz çikolata, akçaağaç şurubu ve vanilyayı çırpın. 1 dakika kaynamaya bırakın. Kızılcık tabakasının üzerine dökün, soğuyana kadar buzdolabında saklayın.

e) Kekleri kalıplardan çıkarın.

f) Üzerine kızılcık sosunu ekleyip servis yapın.

13. Narlı Panna Cotta

Yapım: 8

İÇİNDEKİLER:
- 1/2 bardak ağır krema
- 1 portakalın suyu ve kabuğu rendesi
- 1 çay kaşığı toz şeker
- 1/2 çay kaşığı iyi vanilya özü
- 1 1/2 bardak tam yağlı süt
- 1 yemek kaşığı toz jelatin
- 1 1/2 su bardağı nar suyu
- 1 yemek kaşığı toz jelatin
- 2 çay kaşığı toz şeker
- Süslemek için 1 nar çekirdeği

TALİMATLAR
a) Bir tencereye kremayı, portakal suyunu ve kabuğunu ekleyin ve orta ateşte pişirin. Şekeri ekleyip kaynamaya bırakın. Vanilyayı ekleyip karıştırın.
b) Küçük bir kaseye sütü ekleyin ve üzerine jelatini serpin. Yaklaşık 5 dakika kadar yumuşamasını bekleyin. Sütü ve jelatini kremanın içinde eriyene kadar karıştırın.
c) Karışımı boş bir yumurta kartonu veya muffin kalıbına yaslanmış bardaklara paylaştırın. En az 2 saat kadar buzdolabında bekletin, gece boyunca en iyisi.
ç) Bu arada nar suyuna 1 yemek kaşığı jelatin ekleyin ve bir ölçü kabında 5 dakika kadar erimesini bekleyin. Şekerle birlikte tencereye alıp kaynamaya bırakın. Hafifçe soğumaya bırakın, tekrar ölçüm kabına dökün ve set halindeki panna cotta'nın üzerine dökün. Ayarlanana kadar buzdolabında saklayın.
d) Nar taneleri ile süsleyin.

14. Limonlu Panna Cotta

yapar: 6 porsiyon

İÇİNDEKİLER:

- 2 su bardağı Ağır Krem Şanti
- ½ su bardağı toz şeker
- 1 paket Jelatin
- 1 çay kaşığı Vanilya Ekstraktı
- 1 çay kaşığı Key Lime Zest
- 2 ½ çay kaşığı Limon Limonu Suyu, taze sıkılmış

TALİMATLAR

a) Küçük bir kapta jelatin paketini 3 yemek kaşığı soğuk suyla birleştirin; birleştirmek ve bir kenara koymak için çırpın.

b) Ağır, orta boy bir tencerede kremayı, şekeri ve vanilyayı orta-düşük ateşte birleştirin. Şeker tamamen eriyene kadar sık sık karıştırın.

c) Jelatin karışımını ekleyin ve jelatini çözmek için çırpın ve krema karışımıyla tamamen birleştirin. Limon kabuğu rendesini ve suyunu karıştırın.

ç) İstediğiniz 6 servis kabına veya ramekine eşit miktarda dökün. Tamamen sertleşene kadar 3-4 saat buzdolabına koyun.

d) Panna cotta'yı serbest bırakmak için: Panna cotta'yı burada gösterildiği gibi bir kasede servis etmek yerine ayrı ayrı servis tabaklarına çıkarmayı tercih ederseniz, panna cotta içeren kapları, dış kısmını ısıtacak kadar derin bir sıcak su tavasına yerleştirin. kaseler ama kaselere girecek kadar derin değil. Birkaç dakika oturmasına izin verin.

e) Tek bir servis tabağını çıkarın ve panna cotta kasesinin üstüne yüzü aşağı bakacak şekilde yerleştirin. Panna cotta'nın tabağa çıkmasını sağlamak için panna cotta kasesini yavaşça ters çevirin ve hafifçe sallayın. Serbest bırakılmazsa tekrar tekrarlayın.

15. Kan Portakallı Panna Cotta

İÇİNDEKİLER:

- Şekerlenmiş Kan Portakalları, garnitür için ayrılmış şurup
- 4 Kan Portakalının suyu güzel ve etli
- 1 Paket Jelatin
- 2 ve 1/2 Bardak Ağır Krema
- 1/2 Su Bardağı Şeker
- 3 Yemek Kaşığı Su
- 2 Çay Kaşığı İnce Rendelenmiş Kan Portakal Kabuğu
- 2 Çay Kaşığı Vanilya Ekstraktı

TALİMATLAR

a) Kan portakalı suyunu, suyu ve jelatini küçük bir kasede çırpın ve bir kenara koyun. Şekeri ve kremayı küçük bir tencerede, orta ateşte, birkaç dakikada bir karıştırarak kaynatın.

b) Kaynamaya başlayınca ateşi kısın ve jelatin karışımını ekleyip çırpın.

c) İki dakika boyunca pişirmeye devam edin, tüm süre boyunca çırpın. Ateşten alın ve kan portakalı kabuğu rendesini ve vanilya ekstraktını birleşene kadar çırpın. 6 ayrı ramekine dağıtmadan önce karışımın oda sıcaklığına soğumasını bekleyin.

ç) Ramekinleri 6 saat veya gece boyunca jelleşmeleri için buzdolabına yerleştirin.

d) Ayarlandıktan sonra, şekerlenmiş kan portakallarından bir miktar şurubu her bir ramekine dökün ve her bir ramekini şekerlenmiş kan portakalı ile süsleyin. Derhal servis yapın.

16. Kayısı ve Ballı Panna Cotta

Yapar: 4-6

İÇİNDEKİLER:

- Kayısılar için:
- 6 kayısı
- zeytin yağı

PANNA COTTA İÇİN:
- 1/4 su bardağı su
- 1 yemek kaşığı toz jelatin
- 2 bardak ağır krema
- 1/4 bardak bal
- 1 su bardağı tam yağlı ayran

TALİMATLAR
KAYISININ HAZIRLANIŞI:
a) Kayısıları ikiye bölüp çekirdeklerini çıkarın. Hafifçe zeytinyağı sürün ve sıcak kömürlerin üzerinde yumuşayana kadar ızgara yapın.
b) Soğumaya bırakın ve bir mutfak robotunda pürüzsüz hale gelinceye kadar püre haline getirin. Karışımı 6 bardağa paylaştırın.

PANNA COTTA'YI HAZIRLAYIN:
c) Suyu küçük bir kaseye koyun ve üzerine jelatini serpin. Rezerv.
ç) Orta ateşteki büyük, ağır dipli bir tencerede, ağır kremayı ve balı kaynama noktasına getirin. Krema sıcak olduğunda ocaktan alın ve ayrılmış jelatini tamamen eriyene kadar çırpın. Ayranı ekleyin ve iyice karışana kadar çırpın.
d) Karışımı kayısı püresinin üzerine paylaştırın. Oda sıcaklığında 20 dakika bekletin ve kremanın düzgün bir şekilde sertleşmesi için servis yapmadan önce en az 4 saat buzdolabında bekletin.

17. Böğürtlenli Creme Fraiche Panna Cotta

Yapım: 6

İÇİNDEKİLER:
- 1 bardak tam yağlı süt
- 1 bardak ağır krema
- ½ su bardağı toz şeker
- ⅔ fincan kremalı fraiche
- 4 yaprak jelatin veya 1 yemek kaşığı toz jelatin
- garnitür
- taze böğürtlen
- ezilmiş fıstık
- isteğe göre beyaz çikolatalı çıtır toplar

TALİMATLAR
a) Sütü, kremayı, şekeri ve kremayı bir tencereye dökün ve pürüzsüz hale gelinceye kadar çırpın.
b) Tencereyi orta-düşük ila orta ateşte yerleştirin ve şeker eriyene kadar karıştırarak pişirin.
c) Bir karıştırma kabını buzlu suyla doldurun ve "çiçeklenene" kadar jelatin tabakaları ekleyin. Yapraklar yumuşak ve esnek hale geldiğinde, bunları süt karışımına karıştırın.
ç) Jelatin eriyene kadar karıştırın.
d) Süt karışımını ocaktan alın ve 6 adet 4 onsluk ramekinlere dökün. Doldurulmuş ramekinleri bir fırın tepsisine aktarın ve donması için buzdolabına yerleştirin. Panna cotta'ların buzdolabında en az 4 ila 6 saat ve 2 güne kadar kurulmasına izin verin.
e) Kullanıyorsanız üzerine çilek, antep fıstığı ve beyaz çikolatalı çıtır toplar ekleyin. Sert.

18. Panna Cotta ve Mango Mousse Kubbeleri

Yapar: 6-7 kubbe

İÇİNDEKİLER:
PANNA COTTA
- 150 gr krem şanti
- 50g süt
- 33g toz şeker
- 2 çay kaşığı vanilya fasulyesi ezmesi
- 2g yaprak jelatin

MANGO KÜPLERİ
- 1 doğranmış mango eti
- 100 gr mango püresi
- 2g yaprak jelatin
- 25 gr toz şeker

MANGO MOUSSE
- 150 gr mango püresi
- 4g yaprak jelatin
- 10 gr toz şeker
- 120 gr krem şanti

MANGO SIR
- 1 çay kaşığı limon suyu
- 100 gr mango püresi
- 4g yaprak jelatin
- 2 çay kaşığı toz şeker

TALİMATLAR:
PANNA COTTA İÇİN
a) Krem şanti, süt, şeker ve vanilya fasulyesi ezmesini kaynatın.
b) Ateşten alın, yumuşatılmış jelatini ekleyin ve eriyene kadar karıştırın.
c) Soğumaya bırakın. Karışımı bir süzgeçten geçirerek küçük bardaklara veya kalıplara dökün.
ç) Ayarlanana kadar buzdolabında soğutun.

MANGO KÜPLERİ İÇİN
d) Mangoyu küçük küpler halinde kesin.

e) Mango püresinin yarısını şekerle birlikte şeker eriyene kadar kaynatın.
f) Ateşten alın, yumuşatılmış jelatini ekleyin ve eriyene kadar karıştırın.
g) Mango püresinin diğer yarısını ve mango küplerini karıştırın.
ğ) Mango küplerini panna cotta'nın üzerine dökün.
h) Ayarlanana kadar buzdolabında soğutun.

MANGO KÖPÜĞÜ İÇİN
ı) Mango püresinin yarısını şekerle birlikte şeker eriyene kadar kaynatın.
i) Ateşten alın, yumuşatılmış jelatini ekleyin ve eriyene kadar karıştırın.
j) Mango püresinin diğer yarısını da karıştırın.
k) Çırpılmış kremayı ekleyin ve açık sarı mango köpüğüne kadar iyice karıştırın.
l) Mango küplerinin üzerine kaşıkla dökün.
m) Ayarlanana kadar buzdolabında soğutun.

MANGO SIRASI İÇİN
n) Mango püresinin yarısını şekerle birlikte şeker eriyene kadar kaynatın.
o) Ateşten alın, yumuşatılmış jelatini ekleyin ve eriyene kadar karıştırın.
ö) Mango püresinin diğer yarısını ve limon suyunu karıştırın.
p) Soğumaya bırakın. Bu arada panna cotta ve mango köpüğünü kalıptan çıkarın.
r) Mango sırını üzerine dökün. [Bir hile görmek için lütfen eski gönderime bakın]
s) Ayarlanana kadar buzdolabında soğutun. Süsleyin ve keyfini çıkarın.

19. Mango Panna Cotta

Yapım: 4 Porsiyon

İÇİNDEKİLER:
- 2 çay kaşığı Jelatin Tozu
- 2 yemek kaşığı Su
- 1 büyük mango
- 1-2 çay kaşığı Limon Suyu
- 1 çay kaşığı Şeker
- 1 bardak Süt
- 1/4 bardak Pudra Şekeri
- 1/2 su bardağı krema

TALİMATLAR:

a) Jelatin Tozunu küçük bir kaptaki Suya serpin ve 5-10 dakika bekletin.

b) Mangoyu soyun ve çekirdeğini çıkarın, kabaca kesin ve tüm posayı ve suyunu bir karıştırıcıya koyun. Pürüzsüz olana kadar karıştır. Gerektiğinde ekstra ekşilik için Limon Suyu ekleyin.

c) 2-3 yemek kaşığı püre haline getirilmiş Mangoyu küçük bir kaseye koyun, 1 çay kaşığı Şeker ekleyin ve iyice karıştırın. Biraz Likör eklemek isteyebilirsiniz. Bu sos olacak.

ç) Süt ve şekeri bir tencereye alıp orta ateşte karıştırarak ısıtın ve kaynamaya bırakın. Ateşten alın.

d) Islatılmış Jelatini ekleyin, jelatin eriyene kadar iyice karıştırın. Kremayı ve pürüzsüzce püre haline getirilmiş Mangoyu ekleyin ve birleştirmek için karıştırın.

e) Karışımı servis bardaklarına veya jöle kalıplarına dökün. Bunları buzdolabına koyun ve soğumaya bırakın.

f) Kaydedilen Mango püresiyle servis yapın.

20. Hindistan Cevizi Suyu Safranlı Panna Cotta

yapar: 6 porsiyon

İÇİNDEKİLER:

- 2-3 yemek kaşığı Agar-Agar telleri
- 1 litre Taze Hindistan Cevizi suyu
- 2 yemek kaşığı Şeker
- 8-10 Safran teli

TALİMATLAR:

a) Öncelikle Agar-agar tellerini bir bardak suya batırın. 30 dakika kadar bir kenarda bekletin. İlk önce yüksek ateşte kaynayana kadar pişirin. Daha sonra ısıyı düşürün ve tamamen çözünmesine izin verin. Yaklaşık 8-10 dakika sürecektir.

b) Hindistan cevizi suyunu ve Şekeri sıcak olana kadar ısıtın. Bu Agar-Agar karışımını buna ekleyin. İstenirse süzün. Ama buna hiç gerek yok. Doğrudan ekleyebilirsiniz. Ancak resimde gördüğünüz gibi tamamen çözülmesine dikkat edin. Ayrıca Safran şeritlerini de karıştırın. İyice karıştırın ve soğutmadan önce soğumasını bekleyin.

c) Üzerini örtün ve sertleşene kadar buzdolabında saklayın. Dilimleyin ve üzerine doğranmış kuru Hindistan cevizi ile tadını çıkarın. Veya olduğu gibi. Tadı çok harika. Çok güzel!

21. Böğürtlen soslu vanilyalı panna cotta

İÇİNDEKİLER:

- 300 ml çift krema
- 200 ml tam yağlı süt
- 50 gr pudra şekeri
- 2 yaprak jelatin
- 1 çay kaşığı vanilya fasulyesi ezmesi
- 150 gr böğürtlen
- 2 yemek kaşığı pudra şekeri
- 5 yemek kaşığı su
- 1 sıkılmış limon

TALİMATLAR:

a) Süt kremasını ve şekeri bir sos tenceresinde orta ateşte birleştirin. Şekerin erimesi için karıştırarak kaynama noktasına getirin

b) Vanilyayı karıştırın. Bu arada jelatin tabakalarını 5 dakika soğuk suda bekletin. Fazla suyunu sıkın, kremaya ekleyin ve karıştırarak çözünmesini sağlayın.

c) Kalıplara dökün ve 2-3 saat buzdolabında bekletin.

ç) Sosu hazırlamak için 4-8 adet çilek ayırın ve kalan böğürtlenleri şeker ve su ile birlikte bir tencereye koyun. Meyveleri ezerek 5 dakika kaynatın.

d) Bir miktar limon suyu ekleyin, süzgeçten geçirin ve marine etmek için ayrılmış böğürtlenleri ekleyin.

e) Servis etmeye hazır olduğunuzda kalıpları 20 saniye ılık suda bekletin, bir tabağa ters çevirin ve böğürtlen ve sosla birlikte servis yapın.

22. Portakallı Panna Cotta ve Portakallı Jöle

İÇİNDEKİLER:

- Panna Cotta için:
- 1/2 su bardağı tam yağlı süt
- 1 ve 1/4 bardak ağır krem şanti
- 1 çay kaşığı toz jelatin
- 1/4 su bardağı beyaz şeker
- 1/2 çay kaşığı vanilya özü
- Bir portakalın kabuğu rendesi
- Portakallı jöle için:
- 1/2 su bardağı taze sıkılmış portakal suyu
- 2 ve 1/2 çay kaşığı toz jelatin
- 1/4 su bardağı beyaz şeker
- 1 bardak su

TALİMATLAR:

a) Panna Cotta'yı hazırlamak için sütü ikiye bölün ve yarısını bir kaseye dökün.

b) Jelatini sütün üzerine serpin ve çiçek açması için 15 dakika bekletin (başarıyla çiçek açan jelatin süngerimsi görünecektir)

c) Sütün kalan yarısını krema, portakal kabuğu rendesi, vanilya ve şekerle bir tencerede birleştirin. Şeker tamamen eriyene kadar orta ateşte karıştırın. Karışım ısınmalı ancak kaynatılmamalıdır.

ç) Şimdi ocaktan alın ve üstü kapalı olarak birkaç dakika (belki yaklaşık 15 dakika) demlenmeye bırakın. Portakal aromasını kabuğun içine hapsetmek için kaplama çok önemlidir, bu yüzden lütfen atlamayın.

d) Kaynaması için demlenmiş karışımı tekrar ateşe koyun, ardından jelatin ve süt karışımını ekleyin ve jelatin tamamen eriyene kadar karıştırın. Küçük delikli süzgeç kullanarak karışımı süzün ve panna cotta karışımınız süzdükten hemen sonra kalıplara, tatlı kaplarına veya bardaklara doldurulmaya hazırdır. Ayarlanana kadar soğutun.

e) Yaklaşık 4 saat. Panna cotta'nızla yaratıcılığınızı konuşturmak için tatlı kaplarını kolayca belli bir açıyla yerleştirebilirsiniz.

f) Jöleyi yapmak için jelatini portakal suyunun yarısında 5 dakika bekletin.
g) Su ve şekeri yüksek ateşte şurup kıvamına gelene kadar (koyu olmayan) kaynatın, ardından bu karışımı çiçek açan jelatinin üzerine dökün ve jelatini tamamen çözene kadar çırpın. Meyve suyunun kalan yarısını karıştırın ve karışımın oda sıcaklığına soğumasını bekleyin.
ğ) Soğutulmuş jöle karışımını set panna cotta'nın üzerine dökün. İsteğe göre kalın veya ince bir tabaka dökebilirsiniz. Jöleyi panna cotta'nızın üzerine buzdolabında yarım saat kadar bekletin.
h) Soğutulmuş olarak servis yapın ve tatlı olarak tadını çıkarın

23. Karamelize fıstıklı çilekli panna cotta

İÇİNDEKİLER:

- 200 gr Çilek parçaları
- 60 gr şeker
- Panna cotta
- 250 ml Süt
- 2 çay kaşığı aromasız jelatin
- 80 gram şeker
- 1 paket dövülmüş fıstık

TALİMATLAR:

a) Bir tavaya çilek parçalarını koyun, şekeri ekleyin, ateşte tutun, şeker eridikten sonra 3 ila 5 dakika pişirin, ardından çilek yumuşatılarak sulu bir doku oluşur.

b) Bir tavayı ısıtın, sütü dökün, kaynatmaya devam edin, şekeri ekleyin, bu arada bir kase alın, jelatini koyun, suyu dökün, iyice karıştırın, jelatini sütün içine koyun, 2 dakika kaynatın.

c) Bir kalıba dökün, 30 dakika bekletin, ardından bir tabağa çilek sosunu dökün ve üzerine sos dökün.

ç) Üzerine ezilmiş fıstık parçaları, nane yaprakları süsleyerek servise hazır hale getirin.

24. Çilek ve kivi panna cotta

İÇİNDEKİLER:
- 1 bardak süt
- 1 su bardağı taze krema
- 1 yemek kaşığı jelatin
- 3 yemek kaşığı şeker
- 1 kivi doğranmış
- 2-3 adet doğranmış çilek

TALİMATLAR:

a) Sütü bir tencereye koyun, jelatini yumuşatmak için 4-5 dakika jelatin ekleyin.
b) Şimdi süt karışımını jelatin eriyene kadar ısıtın, ancak süt yaklaşık 4-5 dakika kaynamaz.
c) Şekeri ve kremayı ekleyin, iyice karıştırın.
ç) Ateşten alıp soğumaya bırakın.
d) Bardaklara dökün ve 4-5 saat buzdolabında bekletin. ama dondurmayın.
e) Soğuyunca doğranmış kivi ve çilekle süsleyin.

25. Narenciye Soslu Ayran Panna Cotta

İÇİNDEKİLER:

- 1 bardak Ayran
- 1/4 bardak Şeker
- 1/2 bardak Ağır Krem
- 1-2 iplikçik Agar-Agar kabaca kırılmış

NArenciye Sosu İçin

- 1 Portakal
- 5-6 Turuncu Segment
- 3-4 yemek kaşığı Şeker

TALİMATLAR:

a) Ağır kremayı ve şekeri bir tencerede ısıtın. Şimdi Agar Agar'ı karıştırın. Çözülmesine izin verin. Karıştırmaya devam edin. Bir ila iki dakika sürecektir. Kaynatmayınız. Sıcak olmalı. Bu kadar. Buna ayranı ekleyin. Hızlıca karıştırın. İçine koyacağınız kabınızı hafifçe yağlayın.

b) Karışımı isteğe göre içine veya tek tek ramekin kalıplarına dökün ve soğumaya bırakın. Şekeri ve portakal suyunu bir tencerede orta-yüksek ateşte ısıtın, şeker eriyene kadar ara sıra karıştırın. Turuncu segmentleri de ekleyin.

c) Koyulaştığı anda ocaktan alın. Panna Cotta'yı en az 2-3 saat veya katılaşana kadar buzdolabında saklayın. Narenciye Sos ile soğutulmuş olarak servis yapın.

26. Erikli panna cotta

İÇİNDEKİLER:

- 1 su bardağı Taze Krema
- 1/4 bardak Lor
- 3 yemek kaşığı Şeker
- 4-5 Vanilya Özü
- 1 yemek kaşığı Jelatin
- 5-6 Erik
- 1/4 bardak Şeker
- 1/4 su bardağı su

TALİMATLAR:

a) Taze krema ve şekeri sos tenceresine alın ve kısık ateşte şeker eriyene kadar ısıtın. Ateşi kapatıp soğuması için bir kenarda bekletin.

b) Jelatini küçük bir kaseye alın ve 2-3 yemek kaşığı kaynar su ekleyin. İyice karıştırıp bir kenarda bekletin

c) Yoğurt, pürüzsüz hale gelinceye kadar bir el blenderi kullanarak karıştırın.

ç) Şimdi yoğurdu taze krema ve şeker karışımına ekleyin ve iyice karıştırın. Jelatin ve vanilya özütünü ekleyin ve her şeyi tekrar iyice karıştırın. Karışımı tülbent veya süzgeç yardımıyla süzün ve tercihinize göre ramekin kalıplarına, silikon kalıplara, muffin kalıplarına veya cam kaselere aktarın.

d) 2-3 saat veya katılaşana kadar buzdolabında saklayın.

e) Üzeri için kolay bir erik şurubu hazırlayalım. Eriklerin çekirdeklerini çıkarın ve şeker ve suyla birlikte bir tencereye aktarın.

f) 5-10 dakika veya şeker eriyene kadar kaynatıp soğumaya bırakın. Her şeyi pürüzsüz bir püre haline gelinceye kadar karıştırın ve 5-7 dakika daha ısıtın. Erik sosunuz hazır.

g) Bir kez buzdolabında saklayın ve ihtiyaç duyduğunuzda kullanın.

ğ) Şimdi son adım Pana Cotta'nızı düzenlemek.

h) Pana Cotta'nızı servis tabağına alıp üzerine Soğutulmuş Erik Şurubu ve taze erik dilimlerini ekleyin.

27. Mango Panna Cotta, Bükülmüş Şeker süslemeli

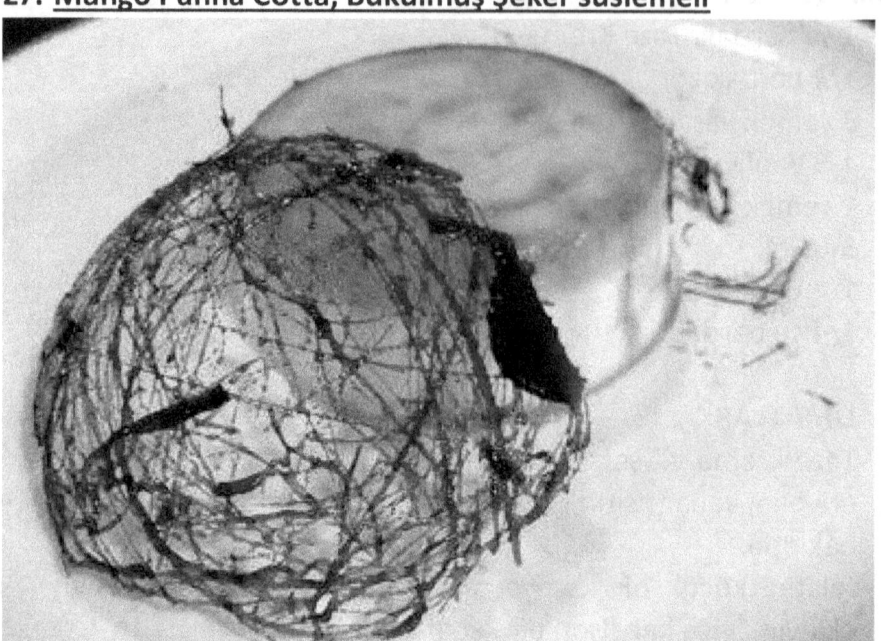

İÇİNDEKİLER:
MANGO KATMAN:
- 2 bardak mango püresi
- 2 yemek kaşığı agar agar/jelatin/çin ciğeri
- 2 yemek kaşığı Sıcak su

KREM KATMAN İÇİN:
- 1 su bardağı tam yağlı süt
- 1 bardak krema
- Vanilya özü
- Tutam tuzu
- 1/2 su bardağı şeker
- 2 yemek kaşığı çin otu
- 2 yemek kaşığı sıcak su

ŞEKER DEKORASYON
- 2 yemek kaşığı şeker

TALİMATLAR:

a) Büyük bir kaseye çin otu ve suyu ekleyip 15 dakika bekletin. Bundan sonra tamamen karıştırın. Çözündükten sonra mango püresini ekleyin ve karıştırın. Tamamen karıştığından emin olun. Servis bardağını çapraz olarak bir kaseye alın ve içine mango karışımını biraz dökün ve 2 saat buzdolabında bekletin.

b) Krema katmanı için - 2 yemek kaşığı jelatini sıcak suda ıslatın ve bir kenarda bekletin. Ev yapımı krema aldım. (Bir su bardağı kremayı yarım saat kadar buzdolabında bekletin. Mikserle karıştırdıktan sonra taze krema elde edeceksiniz.) 1 su bardağı sütü ısıtın, üzerine şekeri ekleyin ve bir kenarda bekletin. Şeker tamamen çözülmeli ve süt soğuk olmalıdır. Şimdi vanilya özü ekleyin ve iyice karıştırın. Bir kase alın, krema tatlı süt jelatini eritilmiş suyu ekleyin ve iyice karıştırın, tüm karışımın iyice karışması gerekiyor.

c) Buzdolabından bir bardak mango püresi alın, krema katmanını ekleyin ve tamamen sertleşene kadar 2 saat daha bekletin. Birkaç doğranmış mangoyla süsleyin

ç) Bir tencereye şekeri ekleyin ve orta karamel renginde karıştırmadan kaynatın. Ateşten alıp karameli yağ tepsisine dökün ve dilediğiniz şekli verin. Yerleşmesine ve parçalara ayrılmasına izin ver

28. Ananas soslu Hindistan cevizi panna cotta

İÇİNDEKİLER:

- 1 bardak hindistan cevizi sütü
- 1 bardak ağır krema
- 1 1/4 çay kaşığı agar agar
- 3 yemek kaşığı şeker
- 1 bardak ananas
- 1 yemek kaşığı tereyağı
- 1 yemek kaşığı esmer şeker

TALİMATLAR:

a) Geniş bir tavaya kremayı, hindistancevizi sütünü ve agar agarı ekleyin. Birleşene kadar çırpın ve 15 dakika bekletin.

b) Şekeri tavaya ekleyin ve iyice karıştırın. Daha sonra ateşi orta seviyeye getirin. Şeker ve agar eriyene kadar ısıtın, kaynamaya başlayıncaya kadar sürekli karıştırın.

c) Sürekli karıştırarak kısık ateşte 3-4 dakika daha ısıtın ve ateşi kapatın.

ç) İnce bir püre kullanın ve karışımı temiz bir kaseye süzün. Karışımı dilediğiniz bardağa dökün ve panna cotta soğuyana kadar buzdolabında saklayın.

d) Ananasın sırlanmasını sağlamak için tereyağını ve esmer şekeri bir tavaya ekleyin ve orta ateşte ısıtın. Tereyağı eriyene ve şeker eriyene kadar karıştırmaya devam edin.

e) Şimdi ananası (ben ince doğradım, eğer daha büyük parçalar tutmak isterseniz) tavaya ekleyin, iyice karıştırın ve ananas yumuşayana kadar pişirmeye devam edin.

f) Ananas tatlı değilse biraz daha fazla şeker kullanmanız gerekir. Soğuyana kadar buzdolabında saklayın.

g) Panna cotta'nın üzerine ananas sosunu ekleyip soğuk servis yapın. Eğlence.

29. Üç Renkli Panna Cotta Lokumu

İÇİNDEKİLER:

MANGO KATMAN İÇİN
- 1 bardak mango püresi
- 2 yemek kaşığı su
- 1 çay kaşığı aromasız jelatin veya 4 gr çin otu/agar agar kullanın
- damak tadına göre Şeker

YEŞİL(KHAS) KATMAN İÇİN
- 1 bardak ağır krema
- 2-3 yemek kaşığı khas şurubu
- damak tadına göre Şeker
- 1 çay kaşığı jelatin
- gerektiği kadar Birkaç damla yeşil gıda boyası (isteğe bağlı)

VANİLYA KREMA KATMAN İÇİN
- 1 bardak ağır krema
- damak tadına göre Şeker
- 1/2 çay kaşığı vanilya özü
- 1 çay kaşığı jelatin

TALİMATLAR:

MANGO KATMAN İÇİN

a) Öncelikle küçük bir kaseye jelatin ve 2 yemek kaşığı su ekleyin, iyice karıştırın ve 5 dakika kabarmasını bekleyin. Bir tavaya mango püresini, jelatini ekleyin ve kısık ateşte 2-3 dakika ısıtın.

b) Isıyı kapatıp karışımı dilediğiniz şekilli kalıba/bardaklara dökün ve tamamen donması için buzdolabında saklayın.

KHAS KATMANI İÇİN

c) Küçük bir kapta jelatini iyice karıştırın ve 5 dakika çiçek açmasını bekleyin. Daha sonra bir tencereye ağır kremayı, şekeri ekleyin ve şeker eriyene kadar orta ateşte pişirin.

ç) Karışım kaynama noktasına ulaştığında ateşi kapatın, khas şurubu, birkaç damla yeşil gıda boyası, (isteğe bağlı) çiçek açmış jelatini ekleyin ve tamamen eriyene kadar karıştırın.

d) Oda sıcaklığına soğumasını bekleyin ve ardından bu karışımı mango tabakasının üzerine dökün ve tekrar buzdolabında donması için saklayın.

VANİLYA KATMAN İÇİN

e) Küçük bir kapta jelatini iyice karıştırın ve 5 dakika çiçek açmasını bekleyin. Daha sonra bir tencereye ağır kremayı, şekeri ekleyin ve şeker eriyene kadar orta ateşte pişirin.

f) Karışım kaynama noktasına ulaştığında ateşi kapatın, vanilya özütlü jelatini ekleyin ve tamamen eriyene kadar karıştırın. Oda sıcaklığına soğuduktan sonra bu karışımı khas tabakasının üzerine dökün ve tekrar buzdolabında tamamen donması için bekletin.

g) 3 katlı nefis Panna Cotta Lokum servise hazır.

30. Mango Lassi Panna Cotta

İÇİNDEKİLER:

- 2 büyük mango
- 1/4 su bardağı süt
- 2/3 su bardağı yoğurt
- 1 bardak ağır krema
- 2 yemek kaşığı şeker
- 1 çay kaşığı Agar Agar tozu
- 1 çay kaşığı kakule tozu
- 3-4 safran teli

TALİMATLAR:

a) Agar Agar tozunu iyice ıslanması için yeterli suya batırın. Bu gerekli.

b) Mango püresini soyarak hazırlayın, dilimler halinde kesin ve püre yapmak için bir karıştırıcıya ekleyin

c) Bir tencereye süt ve kremayı ekleyip orta ateşte kaynamaya bırakın.

ç) Kakule tozu ve safran tellerini ekleyin. Mango püresini ve yoğurdu ekleyip ateşte iyice çırpın. Bir kenara koy

d) 2-3 dakika soğutun ve mango karışımını süzün

e) Kalıpları yağlayın. Kalıplara dökün ve bir gece buzdolabında bekletin

f) Küçük mango dilimleri ve nane yapraklarıyla süsleyin ve keyfini çıkarın

31. Hindistan Cevizi Sütü ve Portakallı Panna Cotta

İÇİNDEKİLER:

- 250 ml Hindistan Cevizi Sütü
- 4-5 yemek kaşığı Şeker
- 1 Portakal
- 2-3 iplikçik Agar-Agar
- 1/2 su bardağı su

TALİMATLAR:

a) Hindistan Cevizi Sütünü, taze sıkılmış portakal suyu ve kabuğuyla birlikte şeker ilavesiyle kısık ateşte kaynatın. Bir kenara koyun. Bu arada küçük parçalara ayrılan Agar-Agar tellerine yarım bardak su ekleyin. Önce yüksek ateşte kaynayana kadar, daha sonra 4-5 dakika kadar pişmeye bırakın.

b) Kesinlikle çözünmesi ve neredeyse şeffaf olması önemlidir. Daha sonra Hindistan Cevizi Sütü ve Portakal suyuna karıştırılmaya hazır hale gelir.

c) İyice karıştırın. Bunu hangisi kullanışlıysa herhangi bir Cam tabağa veya Kek tepsisine ekleyin. Serin bir yerde bekleterek biraz soğumasını bekleyin. Daha sonra soğuyuncaya kadar buzdolabında bekletin.

ç) Dilimleyin ve tadını çıkarın!

32. Nar panna cotta

İÇİNDEKİLER:

- 1/2 paket taze krema
- 1 yemek kaşığı şeker
- 11/2 su bardağı süt
- 1 çay kaşığı jelatin
- 1 su bardağı nar suyu
- 1 çay kaşığı vanilya özü

TALİMATLAR:

a) Jelatini sütün üzerine serpip 10 dakika dinlendirin.
b) Kremayı ısıtın, şekeri ve vanilya özünü ekleyin
c) Jelatin karışımını karıştırın, bardağa dökün
ç) Gece boyunca buzdolabına koyun
d) Nar suyunu ısıtın, jelatin karışımını ekleyin ve panna cotta'nızın üzerine dökün.
e) Gece boyunca buzdolabına koyun
f) Taze narlarla süsleyin

33. Yeşil Beyaz Panna Cotta

İÇİNDEKİLER:
- 1 paket yeşil jöleli muz
- 2 bardak su
- 1/3 su bardağı kaynamış su
- 3 çay kaşığı jelatin
- 400 ml krema
- 5 yemek kaşığı şeker veya damak zevkine göre
- 1 çay kaşığı vanilya özü

TALİMATLAR:
a) Suyu kaynatın, jöleyi ekleyin ve karıştırın.
b) Küçük bardaklara jöleyi 1/2 saat buzdolabında koyun.
c) Jelatini sıcak suda eritin.
ç) Şeker ekleyin ve iyice karıştırın.
d) Vanilya özünü ekleyin ve iyice karıştırın.
e) Kremayı ekleyin ve iyice karıştırın.
f) 1/2 saat sonra tekrar yeşil jöle buzdolabına dökün.

34. Hurma Püreli Yunan Yoğurtlu Panna Cotta

İÇİNDEKİLER:
PANNA COTTA İÇİN:
- 1 bardak ağır krema
- 1/3 su bardağı şeker
- 1/8 çay kaşığı tuz
- 1 çay kaşığı vanilya özü
- 1 zarf aromasız jelatin
- 2 bardak Yunan yoğurdu

Hurma Püresi İçin:
- 2 bardak hurma (çekirdeği çıkarılıp suya batırılır, ardından blenderde macun haline getirilir)
- şekeri tatmak
- 1 yemek kaşığı mısır nişastası

TALİMATLAR:

a) Küçük bir kapta 1 zarf jelatini 3 yemek kaşığı suyla karıştırın ve 5 dakika bekletin.
b) Bir sos tavasında kremayı, şekeri, tuzu ve vanilya özünü karıştırın. Şeker tamamen eriyene kadar orta ateşte yaklaşık 5 dakika (sürekli karıştırarak) pişirin. Kaynatmanıza gerek yok ama tüm malzemeleri birbirine karıştıracak kadar ısıtın.
c) Ocağı kapatın ve çözünmüş jelatini karışıma ekleyin, iyice birleşene kadar çırpın.
ç) 2 bardak Yunan yoğurdu ekleyin ve pürüzsüz bir kıvam elde edinceye kadar iyice karıştırın.
d) Bu karışımı 4 bardağa paylaştırın ve buzdolabında birkaç saat bekletin.

TARİH PÜRESİ:

e) Bir sos tenceresinde hurma püresini şekerle karıştırıp kaynatın ve 3-4 dakika kadar pişirin.
f) Mısır nişastasını 3 yemek kaşığı suyla karıştırıp sosa ekleyin. Bir dakika kadar iyice karıştırdıktan sonra ateşi kapatın. Sosu soğumaya bırakın ve soğumuş Panna Cotta'nın üzerine kaşıkla dökün.
g) Plastik ambalajla örtün ve birkaç saat daha buzdolabında saklayın.
ğ) Tatlıyı servis etmeden önce üzerine kıyılmış hurma ve nane yaprağı ekleyin.

35. Karpuz pannası kota

Şunu yapar: 1-2 porsiyon

İÇİNDEKİLER:
- 1 çeyrek karpuz
- 1-2 yemek kaşığı jelatin
- Şekeri tatmak
- Süt için
- 2 su bardağı süt tozu
- 2 bardak su
- 2 yemek kaşığı jelatin
- Şekeri tatmak

TALİMATLAR:

a) Karpuzları yıkayıp kesip ezin, süzgeçten geçirerek çekirdeklerini çıkarın (isteğe bağlı), jelatini 2 yemek kaşığı ılık su ile eritip karpuzu ezmeye ekleyin, damak tadınıza göre şeker ekleyin, karıştırıp bir bardağa dökün ve bardağı hafifçe bükerek soğutun. Bardakta istediğiniz panna cotta şeklini elde etmek için buzdolabı rafında!

b) Bir sos tenceresine su, şeker ve sütü ekleyin, jelatini ekleyip karıştırarak kaynatın, tamamen soğumasını bekleyin, buzdolabında beklettiğiniz karpuz jelinin içine sütü dökün.

c) Tekrar buzdolabına kaldırın, sertleşip soğuduktan sonra çıkarın, panna-cotta'yı karpuz parçaları, taze nane yaprağı ve serpintilerle süsleyin, sonra servis yapın, afiyet olsun!

36. Mango lychee panna cotta

İÇİNDEKİLER:

- 1 mango
- 12-15 liçi
- 1 su bardağı krem şanti
- 1 bardak süt
- 3 çay kaşığı şeker
- 3 çay kaşığı jelatin tozu

GARNİTÜR İÇİN

- gerektiği kadar Çikolata parçaları
- birkaç adet kiraz

TALİMATLAR:

a) Mangoyu soyun, posasını çıkarın ve pürüzsüz bir dokuya öğütün.
b) Jelatini 4 çay kaşığı suya alıp güzelce karıştırın, mangoyla karıştırıp bardağa aktarın ve dondurucuda 10 ila 29 dakika koyulaşana kadar bekletin.
c) Şimdi liçileri alın ve soyun.
ç) Sadece şekerle iyice öğütün.
d) Liçi dokusu için aynı jelatin işlemini yapın. Mango ve liçi suyundan da jelatin solüsyonu yapabilirsiniz.
e) Lychees dokusunu aynı bardak mangoya dökün ve farklı taraftan eğin ve yarıya kadar yatırın, tekrar dondurucuya koyun.
f) Şimdi sütü, şekeri ve kremayı alıp iyice öğütün. Bir kaseye aktarın ve aynı prova jelatini yapın.
g) Bardakları çıkarın, süt kreması dokusunu bardaklara dökün ve ruh halinize göre güzelce süsleyin. Meyve sezonunun tadını yeni tarzda çıkarın.

37. Trabzon hurması panna cotta

yapar: 4 porsiyon

İÇİNDEKİLER:

- 400ml krem şanti
- 1/3 su bardağı şeker veya damak tadınıza göre
- 3 çay kaşığı jelatin veya Agar Agar

Trabzon Hurması Püresi İçin

- 1/4 su bardağı su
- 2 adet orta boy hurma
- 2 çay kaşığı Agar Agar veya jelatin

TALİMATLAR:

a) Küçük bir tavada 350 ml krem şantiyi ısıtın. Şekeri eleyin ve yavaşça karıştırın.

b) Ayrı bir kapta agar agar'ı 50 ml ılık krem şanti ile iyice karıştırın, ardından bu karışımı tavadaki kremalı karışıma ekleyerek 2 dakika boyunca karıştırarak ekleyin. Biraz soğumaya bırakın.

c) 4 bardağa kenarlarına kadar doldurun ve panna cotta'yı buzdolabında yaklaşık bir saat kadar bekletin.

ç) Trabzon hurmasını kesin ve kabuğunu soyun. Gerekirse püre haline gelinceye kadar suyla karıştırın.

d) 2 çay kaşığı Agar tozunu 25 ml ılık suda eritip hurma püresine ekleyin. İyice karıştırın.

e) Bardaklarda kalan alanı hurma püresiyle doldurun. Buzdolabında yaklaşık 2 ila 4 saat veya tamamen katılaşana kadar bekletin.

38. Muhallebi ve Karpuz Panna cotta

yapar: 4 porsiyon

İÇİNDEKİLER:
- 500 ml süt
- 1 yemek kaşığı muhallebi tozu -
- Şeker - damak tadınıza göre
- Karpuz – 1 büyük kase, çekirdeksiz ve parçalara ayrılmış
- 1/2 kaşık kaya tuzu
- 1 yemek kaşığı nane yaprağı
- 1 kaşık limon suyu

TALİMATLAR:
a) 1/2 su bardağı sütü alın, muhallebi tozunu ekleyin ve iyice karıştırın.
b) Sütü kaynatın, kremayı ve şekeri ekleyin.
c) 5 dakika sonra gazı kapatın.
ç) Karışımı soğutun.
d) 4 bardak alın, kremalı sütü ekleyin ve 4-5 saat dondurucuda bekletin.
e) Bir kavanoz alın, karpuz parçalarını, kaya tuzunu, nane yapraklarını ve limon suyunu ekleyip yumuşak hale getirin.
f) Bu karışımı muhallebi sütlü bardaklara ekleyin ve dondurucuda 4-5 saat bekletin.
g) Nane yapraklarıyla süsleyip soğuk servis yapın.

39. Panna Cotta'lı Jöleli Armut Kompostosu

yapar: 8 porsiyon

İÇİNDEKİLER:
JÖLEDE ARMUT KOMPOSTASI:
- 2 Asya armut
- 200 ml Beyaz şarap
- 60 gram Şeker
- 10 ml Limon suyu
- 2 gram Jelatin levha

PANNA COTTA
- 200 ml Ağır krema
- 200 ml Süt
- 30 gram Şeker
- 30 gram Bal
- 6 gram Jelatin levha

TALİMATLAR:
Armut kompostosu yapın

a) Armutların her birini 16 parçaya bölün ve malzemelerle birlikte bir tavaya koyun. Yüksek ateşte pişirmeye başlayın.

b) Beyaz şaraptaki alkolün buharlaşması için kaynatın, ardından orta ateşte armutlar yarı saydam hale gelinceye kadar pişirin. Ayrıca tüm pislikleri temizleyin.

c) Armutlar birkaç dakika içinde yarı saydam hale gelecektir. Isıyı kapatın ve tavada soğumaya bırakın.

ç) Oda sıcaklığına soğuduğunda armutları haşlama sıvısıyla birlikte bir saklama kabına aktarın ve buzdolabında soğutun.

Panna cotta'yı hazırlayın:

d) Panna cotta için 6 g jelatin tabakalarını yaklaşık 20 dakika suda bekletin.

e) Malzemeleri orta ateşte ısıtın. Şeker tamamen eriyene kadar karıştırmaya devam edin ve ateşi kapatın. Kesinlikle kaynamasına izin vermeyin.

f) Islatılmış jelatin tabakalarını panna cotta karışımına ekleyin ve jelatini tamamen çözün. Karışımı bardaklara süzün.

g) Kapaklarla örtün ve buzdolabına yerleşinceye kadar soğutun.

Jöleyi yapın:

ğ) Armut kompostosundaki şurubu ısıtın; kaynamasına izin vermeyin. Jöle için önceden suya batırılmış 2 gr jelatin tabakasını ekleyin.

h) Bir kaba dökün ve katılaşana kadar buzdolabına koyun.

ı) Armut kompostosunu panna cotta'nın üzerine yerleştirin. Bitirmek için üstüne jöle ekleyin.

i) Armut kompostosu elbette tek başına lezzetlidir.

ÇİKOLATA, KELEPÇE VE KARAMEL

40. Karamel soslu panna cotta

Yapım: 6 Porsiyon

İÇİNDEKİLER:
- 1 su bardağı Şeker
- 1 su bardağı Su; yada daha fazla
- 1 bardak Su
- 2 yemek kaşığı Su
- 4 çay kaşığı Aromasız jelatin
- 5 su bardağı krem şanti
- 1 bardak Süt
- 1 su bardağı pudra şekeri
- 1 Vanilya çekirdeği; uzunlamasına bölünmüş

TALİMATLAR:
SOS İÇİN:
a) 1 su bardağı şekeri ve ½ su bardağı suyu ağır orta sos tavasında kısık ateşte birleştirin. Şeker eriyene kadar karıştırın. Isıyı artırın ve şurup kehribar rengine dönene kadar karıştırmadan kaynatın, ara sıra tavayı döndürün ve ıslak pasta fırçasıyla kenarlarını aşağı doğru fırçalayın, yaklaşık 8 dakika. Tavayı ocaktan alın.

b) ½ su bardağı suyu dikkatli bir şekilde ekleyin. Tavayı tekrar ateşe verin ve karamel parçacıklarını çözene kadar karıştırarak yaklaşık 2 dakika kaynatın.

c) Serin.

PUDING İÇİN:
ç) Küçük bir kaseye 2 yemek kaşığı su dökün. Jelatin serpin. Yumuşayana kadar yaklaşık 10 dakika bekletin. Ağır büyük tencerede krema, süt ve şekeri karıştırın. Vanilya fasulyesinin tohumlarını kazıyın; fasulye ekleyin.

d) Sık sık karıştırarak kaynatın. Ateşten alın. Jelatin karışımını ekleyin ve çözünmesi için karıştırın. Vanilya çekirdeğini çıkarın. Karışımı kaseye aktarın. Kaseyi, buzlu su dolu daha büyük bir kabın üzerine yerleştirin. Ara sıra karıştırarak soğuyana kadar yaklaşık 30 dakika bekletin. Pudingi altı adet 10 onsluk muhallebi bardağı arasında eşit olarak bölün. Örtün ve gece boyunca buzdolabında saklayın.

e) Pudingleri tabaklara boşaltın. Karamel sosu gezdirip servis yapın.

41. Çikolatalı Panna Cotta

Yapım: 5 porsiyon

İÇİNDEKİLER:
- 500 ml ağır krema
- 10 gr jelatin
- 70 gr siyah çikolata
- 2 yemek kaşığı yoğurt
- 3 yemek kaşığı şeker
- bir tutam tuz

TALİMATLAR:
a) Az miktarda kremayla jelatini ıslatın.
b) Küçük bir tencereye kalan kremayı dökün. Şekeri ve yoğurdu ara sıra karıştırarak kaynatın, ancak kaynatmayın. Tavayı ocaktan alın.
c) Çikolata ve jelatini tamamen eriyene kadar karıştırın.
d) Kalıpları hamurla doldurun ve 2-3 saat soğutun.
e) Panna cotta'yı kalıptan çıkarmak için, tatlıyı çıkarmadan önce birkaç saniye sıcak su altında tutun.
f) İsteğinize göre süsleyin ve servis yapın!

42. Yumurtasız Çikolatalı Panna Cotta Kremasız

İÇİNDEKİLER:

- 80 gr şeker
- 800 ml süt
- 100 gr sütlü çikolata (isteğe bağlı)
- 1/4 bardak kakao tozu
- 1/4 çay kaşığı tuz
- 12 gr jelatin kağıdı/1½ çay kaşığı jelatin tozu

TALİMATLAR:

a) Düşük-orta ateşte bir tencereye Süt, kakao tozu, şeker, çikolata ve tuzu ekleyin
b) Ve kaynayana kadar pişirin.
c) Jelatininizi kabartıp karışımınıza ekleyin. +
ç) (Karışım sıcak olmalı)
d) Parlaklaşana kadar iyice karıştırıp servis tabağına alın.
e) Sertleşene kadar 6 - 24 saat buzdolabında saklayın.
f) Soğuk servis yapın.

43. Ferrero Rocher Panna Cotta

İÇİNDEKİLER:

KATMAN 1 İÇİN
- 2 bardak süt
- 1/8 bardak kakao tozu
- 1/2 su bardağı pudra şekeri
- 3 çay kaşığı Nutella
- 30 gram bitter çikolata, doğranmış
- 1/2 çay kaşığı agar agar
- 2 bardak süt

KATMAN 2 İÇİN
- 1/2 su bardağı pudra şekeri
- 1/4 bardak kakao tozu
- 5 çay kaşığı Nutella
- 60 gram bitter çikolata, doğranmış
- 1/2 çay kaşığı agar agar
- 6 adet karamelize fındık
- 3 ferrero rochers, ikiye bölünmüş

TALİMATLAR:

a) İlk katman için sütü kakao tozu, şeker, Nutella ve agar agar ile bir tavada çırpın.

b) Karışımı sürekli çırparak kaynatın. Kaynamaya başladıktan sonra 2 dakika kadar kaynatıp bitter çikolatayı ekleyin. Tamamen eriyene kadar pişirin.

c) Daha sonra gazdan çıkarıp yağlanmış silikon kalıplara dökün.

ç) Yarısına kadar doldurulacaklar. 10 dakika kadar buzdolabında bekletin.

d) Bu arada ikinci kat için de aynı işlemi tekrarlayın. İkinci karışımı ilk katın üzerine dökün ve buzdolabında 6-8 saat bekletin.

e) Tamamen sertleştikten sonra kalıpları ters çevirerek pürüzsüz bir panna cotta elde edin. Karamelize fındık ve doğranmış Ferrero Rocher ile süsleyin.

f) Bitter çikolatalı Ferrero Rocher Panna Cotta'nın tadını çıkarın.

44. Bisküvili tartta tereyağlı Panna cotta

İÇİNDEKİLER:
BİSKÜVİ TART İÇİN
- 2 paket maden bisküvisi
- 10 adet Marie bisküvisi
- 4 yemek kaşığı tereyağı
- Butterscotch sosu ve krakerler
- 1/2 su bardağı kıyılmış karışık fındık
- 3 yemek kaşığı Tereyağı
- 1 yemek kaşığı Taze krema

ROSOGOLLA PANNACOTA İÇİN
- 6 adet orta boy rosogolla
- 300 gr taze krema
- 2 yemek kaşığı yoğunlaştırılmış süt
- Gerektiği kadar Jelatin
- 1 yemek kaşığı tereyağlı sos

TALİMATLAR:

a) İlk olarak bisküvili tart için. Oreo bisküvi ve Marie bisküvilerini alıp mikserde ayrı ayrı öğütün. Daha sonra üzerine tereyağını ekleyin. İyice karıştırın. Daha sonra bir kalıba yerleştirin. Ve buzdolabına koyalım.

b) Karamela krakerleri için karışık kuruyemişleri ezin.

c) Bir tavaya şeker ekleyin. Karamelize olunca biraz su serpin. Fındıkları ekleyin. Daha sonra tereyağını ekleyin.

ç) Daha sonra karışımı bir tabağa yayın ve soğumaya bırakın. Daha sonra onu çıkarın ve bir folyo veya plastik torbaya koyun ve ezin. Bir kenara bırak

d) Şimdi Pannacotta'ya geçelim. Tavaya taze krema ekleyin. Karıştırmaya devam edin. Kaynamaya başlayınca 1 tatlı kaşığı karamela sosunu ekleyin.

e) Daha sonra biraz yoğunlaştırılmış süt ekleyin. İyice karıştırın. Şimdi jelatini ekleyin. Alevi söndürün. Şimdi tereyağlı krakerleri ekleyin ve iyice karıştırın. Birazını süslemek için saklayın.

f) Şimdi bir kaseye önce karışımı, ardından rosogollanın yarısını koyun. Daha sonra tekrar karışımı ve ardından tekrar rosogollayı yerleştirin. Geri kalan tereyağlı krakerleri süsleyin. Buzdolabına koyalım

g) Hizmet için. Bisküvili tartı alın ve üzerine Pannacotta'nın bir kısmını yerleştirin.

45. Lindt bitter çikolatalı İtalyan Panna Cotta

İÇİNDEKİLER:

- 2 yemek kaşığı soğuk su
- 1 yemek kaşığı Agar Agar tozu
- 2 bardak ağır krema
- 1/4 su bardağı şeker
- 1 çay kaşığı vanilya özü
- gerektiği kadar Lindt bitter çikolatayı maleatlayın
- süslemek için gerektiği kadar meyve

TALİMATLAR:

a) Küçük bir kaseye su ve agar agar koyun ve jelatinin 5-7 dakika çiçeklenmesini bekleyin.

b) Orta boy bir tavada kremayı, şekeri, vanilya özünü orta ateşte ısıtın ve şeker eriyene kadar kaynatın. Jelatini karıştırın ve hemen pürüzsüz ve eriyene kadar çırpın.

c) Jelatin tamamen çözülmediyse tencereyi tekrar ocağa alın ve kısık ateşte hafifçe ısıtın. Sürekli karıştırın ve karışımın kaynamasına izin vermeyin.

ç) Kremayı 3 ayrı servis tabağına dökün. En az 2-4 saat veya tamamen sertleşene kadar buzdolabında saklayın.

d) Üstünü maleat Lindt bitter çikolatası, kivi küpleri ve kirazla süsleyin.

46. Beyaz Çikolatalı Panna Cotta

İÇİNDEKİLER:

- 3 bardak ekstra kalın krema
- 1 su bardağı tam yağlı süt
- 250 gram beyaz çikolata
- 4 çay kaşığı. ağar ağar
- 1 çay kaşığı vanilya özü

TALİMATLAR:

a) Çikolatayı irice doğrayıp bir kaseye koyun ve daha sonra kullanmak üzere bir kenarda bekletin.

b) Geri kalan malzemeleri bir tencereye koyup orta ateşte ara sıra karıştırarak kaynatın.

c) Karışım kaynadıktan sonra tavayı ocaktan alın. Karışıma kabaca doğranmış çikolatayı ekleyin ve çikolata eriyene kadar karıştırın.

ç) Karışımı kalıplara veya kalıplara dökün ve en az 4 saat buzdolabında bekletin.

d) Kalıptan çıkarın ve meyve kompostosu ve dilediğiniz meyvelerle servis yapın.

47. Beyaz çikolatalı panna Cotta yaban mersini soslu

İÇİNDEKİLER:

- 100 ml Süt
- 300 ml Ağır krem şanti
- 100 gr Beyaz çikolata
- 70 gr Hint şekeri
- 3 çay kaşığı Güç jelatin
- 1 bardak yaban mersini
- 2 yemek kaşığı toz şeker
- 1 çay kaşığı Vanilya özü

TALİMATLAR:

a) Sütü bir tavada ısıtın.
b) İçerisine jelatin ekleyin.
c) Jelatin tamamen karışıncaya kadar sürekli karıştırın.
ç) Şimdi kremayı ekleyin ve kabarcıklar çıkmaya başlayınca kaynamayı bırakın.
d) Beyaz çikolata ve vanilyayı ekleyin.
e) Çikolata bileşiği tamamen eridiğinde, pürüzsüz bir karışım elde etmek için tüm karışımı eleyin.
f) Muffin kalıplarına paylaştırıp 1 saat buzdolabında bekletin.
g) Bu sırada yaban mersini ve toz şekeri bir tavada ısıtıp sos kıvamında bir kıvam elde edin.
ğ) Pannayı kalıptan çıkar, Cotta.
h) Sosu panna Cotta'nın üzerine dökün.
ı) Sevdiğinizle birlikte kalp şeklindeki panna cotta'nın tadını çıkarın.

48. Karamela Soslu Panna Cotta

Yapım: 4 porsiyon

İÇİNDEKİLER:

Puding için
- 1 bardak Tam yağlı süt
- 1 su bardağı taze krema (%35 süt yağı)
- 1/3 bardak Şeker
- 2 çay kaşığı Jelatin tozu
- 2-3 damla Vanilya esansı
- 1 tutam Tuz

Sos için
- 1/2 bardak Şeker
- 2 yemek kaşığı Tereyağı
- 2 yemek kaşığı Sıcak su
- 1/2 bardak Taze krema (%35 süt yağı)
- 1/4 çay kaşığı Vanilya esansı
- 1 tutam Tuz
- Hizmet etmek
- 1/4 bardak Kaju fıstığı, kavrulmuş

TALİMATLAR:
PUDING İÇİN -

a) Sütü, taze kremayı, şekeri ve vanilya özünü bir sos tavasına dökün. Karışımı ılık olana kadar kısık ateşte ısıtın. Jelatini karışımın üzerine serpin ve jelatin eriyene kadar karıştırın. Karışımın kaynamasına izin vermeyin.

b) Tuz ekleyin ve iyice karıştırın. Karışımı süzüp ayrı kaselere dökün ve soğumaya bırakın. Yaklaşık 4 saat veya bir gece buzdolabında dinlendirin.

SOS İÇİN -

c) Şekeri ve az suyu bir sos tenceresinde birleştirin. Şeker eriyip açık kahverengi bir renk alınca tereyağını ekleyip çırpın. 2 yemek kaşığı sıcak su ekleyin ve pürüzsüz hale gelinceye kadar çırpın.

ç) Taze kremayı ekleyin ve sos hafifçe kalınlaşana kadar birkaç saniye tekrar çırpın. Ocaktan alıp vanilya özünü ve tuzu ekleyin. Oda sıcaklığında saklayın.

HİZMET ETMEK,

d) Sosu pudingin üzerine dökün ve kaju fıstığı ile süsleyin.

KAHVE VE ÇAY

49. Balon Sütlü Çay Panna Cotta

Yapım: 6

İÇİNDEKİLER:
SÜT ÇAY PANNA COTTA
- 3 yemek kaşığı su
- 1 paket jelatin (0,25 oz) 8 g veya 4 altın jelatin tabakası
- **ASSAM TEA** kombinasyonunu kullanıyorum
- 1 ½ su bardağı tam yağlı süt
- ⅓ su bardağı şeker beyaz veya esmer şeker
- Cömert bir tutam tuz
- 1 çay kaşığı vanilya
- 1 ½ bardak %35 yağlı krema

KAHVERENGİ ŞEKER BOBA İNCİSİ
- ¾ su bardağı esmer şeker 150 gr esmer şeker
- 3 yemek kaşığı su
- Bir tutam tuz
- ½ fincan boba incileri Hızlı pişirilebilen veya normal veya ev yapımı boba incileri kullanabilirsiniz

TALİMATLAR:
SÜT ÇAY PANNA COTTA
a) Suyu bir kaseye koyun ve jelatini yüzeye serpin. Jelatini suya doyurmak için bir kürdan ile karıştırın. Jelatin oluşması için en az 10 dakika bekletin.
b) Sütü bir tencereye koyun. Sütü kapağı kapalı olarak orta ateşte ısıtın.
c) Süt kaynamaya başlayınca hemen ateşi kapatın ve çay yapraklarını ekleyin.
ç) Çay yapraklarını sütün içinde karıştırın. Tencerenin kapağını kapatın ve çayı 10-15 dakika demlenmeye bırakın.
d) Çay yapraklarını ayırmak için sütü bir ölçüm kabına süzün. Biraz daha süt çıkarmak için çay yapraklarına hafifçe bastırın.
e) Tencereyi yıkayın ve içine sütü tekrar ekleyin. Şekeri, kabarmış jelatini, tuzu ve vanilyayı ekleyin.

f) Şekeri ve jelatini çözmek için karışımı orta ateşte karıştırarak ısıtın. Karışımı SADECE şeker ve jelatin eriyene kadar ısıtın. Karışımın kaynamasına izin VERMEYİN.
g) Şeker ve jelatin eriyince tencereyi ocaktan alın.
ğ) Krem şantiyi karıştırın ve ardından sütü büyük bir sürahiye aktarın.
h) 6 x ½ fincan kapasiteli servis tabaklarını hazırlayın. Panna cotta'yı kalıptan çıkarmak istiyorsanız ince duvarlı metal veya silikon kalıpları tercih edin. Bu tabakların kenarlarını çok ince bir yağ tabakasıyla yağlayın. (Kalıptan çıkarmıyorsanız ve panna cotta'yı tabaklarda servis ediyorsanız, o zaman bu tabakların kenarlarını yağlamanıza gerek yoktur).
ı) Panna cotta karışımını altı tabağa paylaştırın.
i) Karışımın oda sıcaklığına gelmesini bekleyin. Her tabağı plastik ambalajla örtün ve bir tepsiye yerleştirin. Bu tepsiyi buzdolabına aktarın ve panna cotta'nın gece boyunca beklemesine izin verin.

KAHVERENGİ ŞEKER BOBA İNCİSİ

j) Boba incilerini paket talimatlarına göre pişirmeye başlayın.
k) Bu ev yapımı boba incilerinin pişmesi daha uzun sürecektir, bu nedenle şurubu yapmadan ÖNCE onları pişirmeniz gerekir.
l) Şekeri, tuzu ve suyu bir tencereye koyun. Şekeri eritmek için karıştırarak orta yüksek ateşte ısıtın.
m) Isıyı orta dereceye düşürün ve şeker şurubunu kaynatmaya devam edin. Şeker şurubunu kalın ve şurup kıvamına gelinceye kadar kaynatın (boba incilerini eklediğinizde şurup daha az kıvamlı olacaktır). Bir kenara koyun.
n) Pişen boba incilerini soğuk suya koyun ve ardından suyu boşaltın. Boba incilerini esmer şeker şurubuna aktarın ve kaplayacak şekilde karıştırın. Boba incileri biraz ısınana kadar soğumaya bırakın.

PANNA COTTA'NIN KALIPTAN ÇIKARILMASI

o) Sıcak su dolu bir kaseyi hazırlayın. Panna cotta kalıbını suya indirin.
ö) Kalıbı birkaç saniye suda yavaşça döndürün.

p) Kalıbı servis tabağına çevirin ve biraz sallayın. Bu, panna cotta'yı kalıptan yavaşça çıkarmalıdır. Değilse, birkaç saniye daha ılık su kabına geri koyun.

r) Sütlü çay panna cotta'nın üzerine biraz kahverengi şeker boba incileri koyun. Panna cotta'nın daha tatlı olmasını istiyorsanız üzerine esmer şeker şurubunun bir kısmını da kaşıkla dökün.

50. Kahlúa ile Kahve Panna Cotta

İÇİNDEKİLER:
- 2 çay kaşığı Jelatin Tozu
- 2 yemek kaşığı Su
- 1/2 fincan Koyu Kahve
- 1/2 su bardağı Süt
- 1/4 bardak Pudra Şekeri
- 1 su bardağı Kalınlaştırılmış Krema
- 1 çay kaşığı Vanilya Ekstraktı
- Kahve likörü

TALİMATLAR:

a) Jelatin Tozunu küçük bir kaptaki Suya serpin ve 5-10 dakika bekletin.
b) Koyu Kahve, Süt, Şeker ve Vanilyayı bir tencereye koyun ve orta ateşte karıştırarak ısıtın ve kaynatın.
c) Isıdan çıkarın.
ç) Islatılmış Jelatini ekleyin, jelatin eriyene kadar iyice karıştırın, ardından Kremayı ekleyin ve birleştirmek için karıştırın.
d) Karışımı servis bardaklarına dökün. Bunları buzdolabına koyun ve soğumaya bırakın.
e) Kahlúa VEYA Kahve Şurubu ile servis yapın. Kahve Şurubu, malzemelerin bir tencerede karıştırılıp birkaç dakika pişirilmesiyle kolayca yapılabilir. Kullanmadan önce tamamen soğutun.

51. **Mocha Panna Cotta**

İÇİNDEKİLER:

- 400 ml su
- 800 ml tek krema
- 200 ml şeker
- 2 çay kaşığı sıcak çikolata tozu
- 2 çay kaşığı Kahve
- Jelatin
- Kahve likörü
- Vanilya özü

TALİMATLAR:

a) Jelatin izini 10 dakika suda bekletin. 200ml suyu kaynatın ve iki kaşık kahve ve 100ml veya daha fazlasını (damak tadınıza göre) ekleyin, ateşi kapatın ve iyice karıştırmayı bırakmadan 400ml kremayı yavaş yavaş ekleyin.

b) Biraz vanilya ve ıslatılmış jelatinin yarısını ekleyin. Sıvının iyice karıştığından emin olun ve istediğiniz bir bardağa veya bardağa dökün. 2 saat kadar buzdolabında bekletin.

c) Daha sonra aynı şeyi yapın ancak kahve yerine suya sıcak çikolata ekleyin. Kahve tabakası yeterince soğuyunca üstüne çikolatayı koyun ve 2-3 saat daha bekletin.

ç) İki ayrı şeffaf katmana, bir kahveye ve bir sıcak çikolataya ihtiyacınız var.

d) Çayın üstüne kahve likörünü ekleyin ve soğuk mocha lezzetinin tadını çıkarın.

52. Espresso panna cotta

yapar: 4 porsiyon

İÇİNDEKİLER:

- 2 bardak Ağır krema
- ¼ bardak Ağır krema; soğutulmuş
- ¼ fincan Taze espresso çekirdekleri; Kaba zemin
- 1 Vanilya çekirdeği; uzunlamasına bölünmüş
- 1 yemek kaşığı Aromasız jelatin
- ½ bardak) şeker

TALİMATLAR:

a) 2 bardak kremayı ve espresso çekirdeklerini orta boy bir tencereye koyun.

b) Vanilya çubuğunu kazıyıp çekirdeklerini ve çekirdeğin tamamını kremalı karışıma ekleyip kaynatın. Ateşten alın, üzerini örtün ve karışımın 30 dakika demlenmesini sağlayın.

c) Vanilya çubuğunu çıkarın ve karışımı ince bir süzgeçten geçirerek temiz bir tencereye alın ve kaynamaya bırakın.

ç) Jelatini kalan ¼ fincan soğutulmuş kremanın üzerine serpin ve 5 dakika bekletin. Espresso kremasını tekrar kaynama noktasına getirin.

d) Çözünmüş jelatin ve şekeri pürüzsüz hale gelinceye kadar çırpın. Karışımı dört adet ½ bardak ramekine dökün.

e) En az 2 saat sertleşene kadar soğutun.

53. İtalyan kahvesi panna cotta tatlısı

Yapım: 2 porsiyon

İÇİNDEKİLER:
- 1 1/2 bardak ağır krema
- 1/2 su bardağı şeker
- 1/4 su bardağı sıcak su
- 2 çay kaşığı hazır kahve tozu
- 2 çay kaşığı jelatin
- gerektiği kadar Çikolata şurubu
- 1/4 çay kaşığı vanilya özü

TALİMATLAR:
a) Bir bardağa 5 yemek kaşığı sıcak su alın, hazır kahveyi ekleyin, iyice karıştırın ve bir kenarda bekletin,
b) Şimdi 1/4 bardak sıcak su alın, jelatin ekleyin, eriyene kadar iyice karıştırın ve bir kenarda bekletin.
c) Şimdi bir sos tenceresine kremayı alın, kısık ateşte tavayı kaynatın, şekeri ekleyin, şeker eriyene kadar karıştırın, 3-4 dakika daha karıştırarak ocaktan alın.
ç) Buna hazır kahve karışımını, suda eritilmiş jelatin ve vanilya özünü ekleyin, bu karışımı süzün, kase kalıbına dökün, biraz soğumaya bırakın, üzerini streç filmle kapatıp buzdolabında 4 saat bekletin,
d) Kalıptan çıkartıp üzerine çikolata sosunu yavaşça gezdirin ve soğuk olarak servis yapın.

54. Çay Panna Cotta

İÇİNDEKİLER:

- 2-3 çay poşeti
- 1 çay kaşığı. rendelenmiş zencefil
- 2-3 kakule, çürük
- 500 ml. tam yağlı süt
- 1 su bardağı sıcak su
- 1 1/2 yemek kaşığı. agar agar tozu
- 1/2 bardak pudra şekeri veya tadı
- 1/4 çay kaşığı. toz tarçın
- 1/2 çay kaşığı. Vanilya özü
- süslemek için doğranmış kuru meyveler

TALİMATLAR:

a) Çay poşetlerinin, zencefilin ve kakulenin üzerine sıcak su dökün. Demlenmesi için 30 dakika bekletin.

b) Sıvıyı süzüp bir kenarda bekletin.

c) Sütü kaynatın. Şeker ve tarçın tozunu ekleyin. Sürekli karıştırın. Vanilya özünü ekleyip soğumaya bırakın.

ç) Kalan sıcak suya agar agarı karıştırın. Soğutulmuş sütü ekleyin, iyice karıştırın ve tek tek bardaklara dökün. Ayarlamak için soğutun.

d) Kıyılmış fındıklarla süsleyip servis yapın.

HUBUBAT PANNA COTTA

55. Tahıl sütü panna cotta

Yapım: 4

İÇİNDEKİLER:
- 1½ jelatin tabaka
- 1¼ bardak Tahıl Sütü
- 25 gr açık kahverengi şeker
- 1 çay kaşığı espresso tozu
- 1 tutam koşer tuzu

TALİMATLAR:
a) Tahıl sütünden biraz ısıtın ve jelatini karıştırarak çözün.
b) Kalan mısır gevreği sütünü, esmer şekeri, espresso tozunu ve tuzu her şey eriyene kadar çırpın, karışıma çok fazla hava karıştırmamaya dikkat edin.
c) 4 küçük bardağı düz, taşınabilir bir yüzeye koyun.
ç) Tahıllı süt karışımını bardaklara eşit şekilde dolduracak şekilde dökün.
d) En az 3 saat veya gece boyunca ayarlamak için buzdolabına aktarın.

56. Tahıl Panna Cotta

İÇİNDEKİLER:

- 250 gr Ağır Krem Şanti
- 250 gr Tam Yağlı Süt
- Seçtiğiniz Tahıllar, 50g + Süslemek İçin Daha Fazlası
- 75 gr Demerara Şekeri
- 5 gr Jelatin Levha

TALİMATLAR:

a) Büyük bir kaseye krema ve sütü ekleyin. İyice birleştirmek için karıştırın. Seçtiğiniz tahılları ekleyin.

b) Tahılların krema-süt karışımıyla demlenmesini sağlamak için 30 dakika bekletin. Karışımı sos tenceresinin üzerindeki ince süzgeçten geçirin. Bir kaşığın arkasını kullanarak mümkün olduğu kadar fazla sıvıyı sıkın. Ancak aşırıya kaçmayın.

c) Islak tahılları yemeyi veya atmayı seçebilirsiniz. Şeker ekleyin. Isıyı orta seviyeye getirin. Şekeri eritmek için karıştırın ve krema-süt karışımını kaynatın.

ç) Bu olurken jelatin tabakalarını bir kase su içinde açın. Krema-süt karışımı kaynayınca ocaktan alın.

d) Çiçeklenen jelatinin fazla suyunu sıkın ve krema-süt karışımına ekleyin. Jelatini çözmek için karıştırın.

e) Krema-süt karışımını ince bir elekten geçirerek ramekinlerin üzerinden geçirin. Kalıntıları atın. Panna cotta'yı buzdolabında en az 6 ila 8 saat soğutun. veya tercihen bir gecede.

f) Servis edeceğiniz sırada derin bir kaseye sıcak su ekleyin.

g) Panna cotta ramekini sıcak su banyosunda yaklaşık 45 saniye ila 1 dakika bekletin. Panna cotta sallanmaya başlar başlamaz su banyosundan çıkarın.

ğ) Sıcak su banyosunda çok uzun süre bırakmayın, aksi takdirde panna cotta eriyecektir.

h) Servis tabağına dikkatlice çevirip açın.

ı) Biraz ezilmiş tahıllarla süsleyin. Derhal servis yapın.

57. Pirinç Panna cotta

İÇİNDEKİLER:
- 1 su bardağı pişmiş pirinç
- 2 yemek kaşığı şeker
- 2 yemek kaşığı sıvı yağ
- 2 yemek kaşığı süt tozu

TALİMATLAR:

a) Mikser kavanozuna pirinç ve şekeri ekleyip öğütün. Daha sonra bir kaseye süt tozu ve pirinç karışımını yağla ekleyip iyice soteleyin. Karışım yağdan çıkınca gazdan çıkarın ve bir kalıba dökün.

b) 20-30 dakika kadar dondurucuya koyun. Pirinçli Panna cotta servise hazır.

PEYNİRLİ PANNA COTTA

58. Mascarpone panna cotta

Yapım: 6 Porsiyon
İÇİNDEKİLER:
- 12 oz dondurulmuş karışık meyveler, çözülmüş ve süzülmüş
- 3 yemek kaşığı şeker
- Sebze pişirme spreyi
- 1 yemek kaşığı süt
- 1¼ çay kaşığı aromasız jelatin
- 1 ¼ bardak krem şanti
- ⅓ bardak süt
- 1 yemek kaşığı vanilya
- ¼ bardak şeker
- ¼ bardak mascarpone peyniri
- ¼ bardak ekşi krema

TALİMATLAR:

a) Karışık meyveleri küçük bir kaseye koyun ve kaşığın tersiyle hafifçe ezin.
b) 3 yemek kaşığı şekeri karıştırın. Plastik ambalajla örtün ve bir kenara koyun.
c) Dört ¾ fincan ramekine pişirme spreyi sıkın.
ç) Küçük bir kaseye 1 yemek kaşığı süt dökün.
d) Üzerine jelatin serpin ve yaklaşık 10 dakika yumuşamasını bekleyin.
e) Bu arada kremayı, ⅓ su bardağı sütü, vanilyayı ve ¼ su bardağı şekeri bir tencerede birleştirin.
f) Orta yüksek ateşte, sık sık karıştırarak kaynatın.
g) Ateşten alın, jelatin karışımını ekleyin ve eriyene kadar karıştırın. Karışımı soğumaya bırakın. Orta boy bir kapta mascarpone peynirini ve ekşi kremayı pürüzsüz hale gelinceye kadar çırpın.
ğ) Sıcak krema karışımını yavaş yavaş, sürekli karıştırarak kaseye ekleyin.
h) Karışımı hazırlanan ramekinlere dökün.
ı) Soğuyuncaya kadar soğutun ve ayarlayın.
i) Panna cotta'yı gevşetmek için ramekinlerin kenarına küçük bir bıçak sürün.
j) Ramekin'i bir tabağa ters çevirin. Panna cotta'nın üzerine meyve sosunu kaşıkla dökün. Sert.

59. Ayran Keçi Peyniri İncirli Panna Cotta

yapar: 6-8 porsiyon

İÇİNDEKİLER:
PANNA COTA:
- 2 bardak ağır krema
- 2/3 su bardağı şeker
- ¼ çay kaşığı koşer tuzu
- 1 bardak ayran
- 2 çay kaşığı sade toz jelatin
- ¼ çay kaşığı ince rendelenmiş portakal kabuğu rendesi
- 4 oz kremsi, taze keçi peyniri, oda sıcaklığında yumuşatılmış

FINDIK:
- ½ bardak antep fıstığı
- 2 çay kaşığı tuzsuz tereyağı, eritilmiş
- Kaşer tuzu

DİĞER İÇERİKLER:
- Portakal çiçeği balı
- Taze incir, dilimler halinde kesilmiş

TALİMATLAR

a) Krema tabanını ısıtın: Bir tencereye krema, şeker ve tuzu ekleyin. Orta ateşte, ara sıra karıştırarak kaynamaya getirin.

b) Bloom jelatin: Ayranı bir bardağa koyun. Üzerine jelatin serpin. Krema kaynama noktasına gelinceye kadar 5-10 dakika kadar kabarmaya bırakın.

c) Panna cotta bazını karıştırın: Krema kaynama noktasına geldiğinde ateşi kısın ve ayran/jelatin karışımını ekleyip çırpın. Portakal kabuğu rendesini karıştırın. Jelatin eriyene kadar çırpın. Yumuşatılmış keçi peynirini bir kaseye koyun. Krema karışımını keçi peynirine, her seferinde bir kepçe olmak üzere, tamamen birleşene kadar çırpın.

ç) Süzün ve dökün: Panna cotta bazını bir elekten geçirerek büyük bir sıvı ölçüm kabına süzün. Karışımı istediğiniz bardaklara veya kalıplara dökün. Bu 6-8 porsiyon için yeterlidir. Oda sıcaklığında soğutun. Soğuması için buzdolabına koyun ve birkaç saat veya ideal olarak bir gece boyunca tamamen kurulayın.

d) Antep fıstıklarını kızartmak: Panna cotta hazırlanırken fıstıkları kızartın. Fırını 350°F'ye önceden ısıtın. Fındıkları parşömen kaplı bir fırın tepsisine yerleştirin. Eritilmiş tereyağını üzerine gezdirin ve bol miktarda tuzla tatlandırın. Atmak. Yaklaşık 8-10 dakika veya altın rengi kahverengi olana kadar pişirin. Oda sıcaklığında soğutun ve hava geçirmez bir kapta saklayın.

e) Servis yapın: Servis yapmak için panna cotta'ların üzerine incir ve fındık ekleyin ve üzerine bal gezdirin. Eğlence.

60. Tiramisu Panna Cotta

Yapım: 6 Porsiyon

İÇİNDEKİLER:
PANNA COTTA İÇİN
- 1 bardak Süt, bölünmüş
- 1 su bardağı Ağır Krem Şanti
- 1/4 su bardağı Mascarpone Peyniri
- 1,5 yemek kaşığı Hazır Kahve tozu
- 2 yemek kaşığı Kahlua Likörü veya Kahve Likörü
- 1/3 su bardağı + 2 yemek kaşığı Esmer Şeker veya Normal şeker
- 1,5 çay kaşığı Agar agar tozu veya Aromasız bitkisel jelatin
- Üzerine serpmek için 1 yemek kaşığı kakao tozu

KAHVE ŞURUBU
- 1/2 fincan Güçlü demlenmiş kahve
- 1/2 su bardağı Esmer Şeker veya Normal şeker
- 2 çay kaşığı Vanilya esansı

TALİMATLAR
a) Kahve tozunu ve esmer şekeri bir tavada birleştirin.
b) 1 çay kaşığı su ekleyin ve şeker tamamen eriyene kadar ısıtın.
c) Ateşten alıp Kahlua likörüne dökün. İyice çırpın ve bir kenara koyun.
ç) Agar agar tozunu 1/2 bardak süte serpin. 5 dakika kadar çiçek açmasına izin verin.
d) Bu arada kalan 1/2 su bardağı sütü mascarpone peyniri ve kremayla bir tencerede birleştirin.
e) İyice çırpın. Karışım topaksız olmalıdır.
f) Bu karışıma agar-agar+süt karışımını dökün. İyice çırpın.
g) Agar agar tamamen eriyene ve karışım kaynama noktasına gelene kadar kısık ateşte pişirin.
ğ) Kaynatmayın.
h) Şeker+kahve karışımını dökün. Karıştırmaya devam edin.
ı) Karışım kaşığınızın arkasını kapladığında ateşten alın. Aşırı pişirmeyin.
i) Karışım soğuduktan sonra daha da koyulaşacaktır.

j) Soğutmadan önce Panna cotta'nın kıvamı.
k) Ramekin kaselerini tereyağıyla yağlayın. Panna cotta'yı kalıplara veya herhangi bir cam kaseye dökün ve 1-3 saat bekletin. Agar-agar ile panna cotta daha hızlı sertleşir. Üstlerinde kabuk oluşmasını önlemek için ramekinleri plastik bir örtü ile örtün.
l) Güzelce hazırlanmış tiramisu Panna Cotta.
m) Servis yapmadan hemen önce - 1. Panna cotta'yı gevşetmek için ramekinlerin üzerinde dikkatlice bir bıçak gezdirin. 2. ve panna cotta'yı kaseden çıkarmak için ramekini sıcak suya koyun.
n) Ramekini servis tabağına açın. Panna cotta ramekinlerden sallanarak çıkmalı.

61. Armutlu mavi peynirli panna cotta

yapar: 8 porsiyon

İÇİNDEKİLER:
- Yağlamak için zeytinyağı
- 1 1/2 bardak süt
- 1 1/2 bardak ince krema
- 1/3 su bardağı pudra şekeri
- 1 vanilya çekirdeği, bölünmüş
- 80 gr mavi peynir, ince doğranmış
- 2 yemek kaşığı kaynar su
- 3 çay kaşığı toz jelatin
- 2 olgun armut, ikiye bölünmüş, çekirdekleri çıkarılmış, uzunlamasına ince dilimlenmiş, servis için

TALİMATLAR

a) Sekiz adet 125 ml (1/2 bardak) kapasiteli metal veya plastik dariole kalıbını hafifçe yağlamak için yağla fırçalayın. Bir tepsiye yerleştirin. Süt, krema, şeker ve vanilya çubuğunu bir tencerede orta ateşte birleştirin. Ara sıra karıştırarak 10 dakika veya şeker eriyene kadar pişirin. Ateşten alın.

b) Mavi peyniri ekleyin ve peynir eriyene kadar karıştırın. Karışımı ince bir süzgeçten geçirerek büyük, ısıya dayanıklı bir cam kaseye süzün.

c) Küçük, ısıya dayanıklı bir kaseye su koyun. Jelatin serpin ve topakları gidermek için çatalla çırpın. 3 dakika veya jelatin çözülene ve karışım berraklaşana kadar bir kenara koyun.

ç) Jelatini iyice birleşene kadar yavaş yavaş krema karışımına çırpın. Hazırlanan kalıplara karışımı eşit şekilde kepçeyle dökün. Plastik ambalajla örtün ve donması için 6 saat buzdolabına koyun.

d) Kalıpları teker teker sıcak suya 1-2 saniye batırıp servis tabaklarına alın. Armut dilimleri ile servis yapın.

62. Kremalı Krem Peynirli Panna Cotta

yapar: 6 porsiyon

İÇİNDEKİLER:

- 100 gram Krem peynir
- 100 ml Ağır krema
- 300 ml Süt
- 50 gram toz şeker
- 1 yemek kaşığı Limon suyu
- 1 Vanilya özü
- 2 yemek kaşığı su (jelatin için)
- 5 gram Jelatin tozu
- 60 gram toz şeker (karamel için)

TALİMATLAR:

a) Karamel sosunun hazırlanışı Karamel için kullanılan toz şekeri 4 parçaya bölün.
b) Toz şekerin 1/4'ünü tencereye ekleyip ısıtın ve rengi kahverengi oluncaya kadar karıştırın.
c) Sonraki dördüncüyü ekleyin ve kahverengiye döner dönmez bir sonrakini ekleyin. Şekerin tamamını ekleyene kadar devam edin. Kabarmaya başlayınca ateşi durdurun.
ç) Hala sıcakken ramekinlere dökün.
d) Jelatini suda eritip bir kenara bırakın.
e) Krem peyniri ve toz şekeri birleştirin ve kremayla karıştırın.
f) Limon suyu ekleyin.
g) Sütün yarısını tencereye ekleyin ve kaynatmadan hemen önce ısıtın. Jelatini ekleyip eritin.
ğ) Karışımı azar azar ekleyin, ardından kalan sütü, kremayı ve vanilya özünü ekleyin. Birlikte karıştır.
h) Karışımı ramekinlere dökün. Soğuması için buzdolabına koyun. Sertleştiğinde tamamdır!

CEVİZLİ PANNA COTTA

63. Mocha Soslu Badem Panna Cotta

Yapım: 6

İÇİNDEKİLER:
- 1 bardak bütün beyazlatılmış badem, kızartılmış
- ⅔ su bardağı şeker
- 1 zarf aromasız jelatin
- 2 su bardağı krem şanti
- ½ bardak süt
- ⅛ çay kaşığı tuz
- Dilimlenmiş badem, kızartılmış

MOKA SOSU
- 4 ons doğranmış acı tatlı veya yarı tatlı çikolata
- ⅔ bardak krem şanti
- ¼ bardak şeker
- 1 çay kaşığı hazır espresso kahve tozu

TALİMATLAR

a) Bütün bademleri mutfak robotuna koyun. Pürüzsüz bir tereyağı yapmak için örtün ve işleyin; bir kenara koyun.

b) Orta boy bir tencerede şekeri ve jelatini karıştırın. Krema ekleyin. Jelatin eriyene kadar orta ateşte pişirin ve karıştırın. Ateşten alın. Badem ezmesini, sütü ve tuzu ekleyip karıştırın. Altı adet 6 onsluk bireysel kalıplara, ramekinlere veya muhallebi kaplarına dökün. 6 ila 24 saat veya sertleşene kadar örtün ve soğutun.

c) Bir bıçak kullanarak panna cotta'yı tabakların kenarlarından gevşetin ve altı tatlı tabağına ters çevirin. Panna cotta'nın etrafına Mocha Sosunun bir kısmını kaşıkla veya gezdirin. Kalan sosla servis yapın ve istenirse dilimlenmiş bademlerle süsleyin.

MOKA SOSU

ç) Küçük bir tencerede doğranmış acı tatlı veya yarı tatlı çikolatayı kısık ateşte eriyene kadar pişirin ve karıştırın. Krem şantiyi, şekeri ve hazır espresso kahve tozunu veya hazır kahve kristallerini karıştırın.

d) Orta-düşük ateşte yaklaşık 3 dakika veya kenarlarında kabarcıklar oluşana kadar pişirin ve karıştırın. Sıcak servis yapın.

64. Cappuccino Panna Cotta Fındık Şuruplu

yapar: 6 porsiyon

İÇİNDEKİLER:

PANNA COTTA İÇİN:
- 3 yaprak jelatin
- 450ml tek krem
- 100 gr pudra şekeri
- 3 çay kaşığı hazır kahve granülü
- 1 çay kaşığı vanilya özü
- 300 ml doğal süzme yoğurt
- tıraş için küçük bir blok bitter çikolata

ŞURUP İÇİN:
- 75 gr pudra şekeri
- 3 yemek kaşığı Frangelico likörü
- 3 yemek kaşığı kıyılmış kavrulmuş fındık

TALİMATLAR

a) Jelatin yapraklarını 5 dakika soğuk suda bekletin.

b) Kremayı orta ateşte bir tencereye koyun ve şekeri, kahve granüllerini ve vanilya özütünü kahve tamamen eriyene kadar karıştırın.

c) Ara sıra karıştırarak yavaşça kaynatın. Ateşten alın ve jelatini eriyene kadar karıştırın.

ç) Gerekirse bir çırpma teli kullanarak pürüzsüz hale gelinceye kadar yoğurdu karıştırmadan önce 5 dakika soğumaya bırakın.

d) Yağlanmış kalıplara dökün ve yaklaşık 2 saat veya mümkünse bir gece buzdolabında bekletin.

e) Fındık şerbetini hazırlamak için pudra şekeri, Frangelico ve 50 ml suyu bir tencereye koyup orta ateşte ısıtın. Şeker eriyene kadar karıştırın ve kaynatın. Hafifçe şurup kıvamına gelene kadar yaklaşık 3 dakika kaynamaya bırakın, ardından soğutun.

f) Set panna cotta'ları tabaklara çevirin. Çok kolay çıkmıyorlarsa, hava sızdırmazlığını kırmak için keskin bir bıçağı yandan aşağıya doğru kaydırın veya kalıpları çok kısa bir süre sıcak suya batırın.

g) Fındıkları şurupla karıştırın ve ardından panna cotta'ların üzerine kaşıkla dökün. Çikolata parçacıklarını serperek bitirin.

65. Fıstıklı Panna Cotta

Yapım: 4

İÇİNDEKİLER:
- 1 kutu hindistan cevizi sütü
- 3 yemek kaşığı şeker
- 3/4 çay kaşığı agar-agar
- 1 yemek kaşığı soğuk su
- 1/4 bardak Fıstık ezmesi
- 1/2 çay kaşığı portakal çiçeği suyu

TALİMATLAR

a) Küçük bir kaseye bir yemek kaşığı soğuk su koyun ve üzerine agar-agar'ı bir tabaka halinde serpin. Bir sonraki adımı tamamlarken birkaç dakika bekletin.

b) Orta boy bir tencereye hindistan cevizi sütünü, şekeri ve fıstık ezmesini koyun. Her şey birlikte eriyip buhar çıkana kadar birlikte çırpın ve ısıtın, ancak kaynamasına izin vermeyin.

c) Agar-agarın bulunduğu kaseye birkaç yemek kaşığı sıcak hindistan cevizi sütü dökün ve iyice karıştırın. Yavaş yavaş tekrar tencereye ekleyin ve sürekli çırpın. Süt buhar çıkana kadar 5 dakika daha ısıtın, ancak kaynatmasına izin vermeyin. Sonunda portakal çiçeği suyunu çırpın.

ç) 4 ramekin arasında bölün. Ayarlanana kadar buzdolabında saklayın.

d) Kalıptan çıkarmak için buzdolabından çıkarın ve ramekini birkaç dakika sıcak su banyosuna koyun. Panna cotta'nın kenarlarına ofset bir spatula veya tereyağı bıçağı sürün. Panna cotta'nın üzerine bir tabak koyun ve ters çevirin. Plakanın üzerine kayması gerekiyor. Çiçek yaprakları ve ilave antep fıstığı ile süsleyin.

66. Kavrulmuş Ravent ve Fıstıklı Panna Cotta

İÇİNDEKİLER:

- 1/2 kiloluk ince ravent sapları
- 1/2 su bardağı toz şeker
- 1/2 limon suyu
- 1 vanilya çekirdeği, bölünmüş
- Servis için 1/2 su bardağı kıyılmış antep fıstığı

TALİMATLAR

a) Fırını 375°F'ye ısıtın.
b) Raventi 2-3 inç uzunluğunda dilimleyin. Şeker, limon suyu ve vanilya çubuğuyla birlikte bir fırın kabına atın. Yumuşak ve sulu olana kadar fakat dağılmayacak şekilde yaklaşık 15-20 dakika kadar kızartın.
c) Servis yapmadan önce soğumaya bırakın.

67. Hindistan Cevizi Sütü ve Fındık Panna Cotta

yapar: 10 porsiyon

İÇİNDEKİLER:
- 500 ml Hindistan cevizi sütü
- 1/2 bardak Şeker
- 1 çay kaşığı Vanilya özü
- 2-3 çay kaşığı Agar-agar pulları veya tozu
- Üzeri için ekstra doğranmış 1/4 bardak Kaju fıstığı

TALİMATLAR:

a) Öncelikle agar-agar tellerini yaklaşık yarım bardak suya ekleyin. 2-3 dakika kadar demlenmesine izin verin. Daha sonra kısık ateşte ara sıra karıştırarak eriyene kadar kaynatın.

b) Başka bir tavada hindistan cevizi sütünü de kısık ateşte kaynatın. Dibinin yanmasını önlemek için şekeri ekleyin ve karıştırmaya devam edin.

c) Agar-agar tamamen eriyip homojen bir çözelti haline gelince ocaktan alın ve sütle birlikte tencereye ekleyin. İyice karıştırın ve doğranmış kajuları ekleyin. Şimdi bunu bir cam tabağa veya fırın tepsisine dökün.

ç) Üzerine biraz daha kaju fıstığı ekleyin ve buzdolabında 3-4 saat kadar bekletin. Soğutmadan önce üzerini streç filmle kapatın. 3 saatin sonunda dilimleyerek sevdiklerinize ve dostlarınıza soğuk olarak servis yapın.

BAHARATLI PANNA COTTA

68. Kakule-Hindistan Cevizli Panna Cotta

İÇİNDEKİLER :

- 1 su bardağı şekersiz hindistan cevizi gevreği
- 3 bardak ağır krema
- 1 bardak ayran
- 4 yeşil kakule kabuğu, hafifçe ezilmiş Tutam koşer tuzu
- 2 çay kaşığı granül jelatin
- 1 yemek kaşığı su
- ⅓ su bardağı toz şeker
- çay kaşığı gül suyu

TALİMATLAR:

a) Fırını 350°'ye önceden ısıtın. Hindistan cevizini bir fırın tepsisine yayın ve fırına koyun. Kızartılana ve altın rengi olana kadar yaklaşık 5 dakika pişirin. Fırından çıkarın ve bir kenara koyun.

b) Orta-yüksek ateşte ayarlanmış orta boy bir tencerede ağır kremayı, ayranı, kakuleyi ve tuzu birleştirin ve kaynatın. Tavayı ocaktan alın, kavrulmuş hindistan cevizini ekleyin ve 1 saat bekletin. Karışımı ince gözenekli bir elekten geçirin ve katıları atın.

c) Orta boy bir kapta jelatin ve suyu birleştirin. 5 dakika bekletin.

ç) Bu arada tencereyi orta ateşe alın, şekeri ekleyin ve şeker eriyene kadar yaklaşık 1 dakika pişirin. Süzülmüş krema karışımını dikkatlice jelatin karışımının üzerine dökün ve jelatin eriyene kadar çırpın. Gül suyunu çırpın ve karışımı 8 onsluk ramekinlere bölün. Buzdolabına koyun ve sertleşene kadar soğutun, en az 2 saat ila gece boyunca

d) Şekerlenmiş gül yaprakları yapın: Bir fırın tepsisini parşömen kağıdıyla hizalayın. Küçük bir kapta şekeri ve kakuleyi birleştirin. Her bir gül yaprağının her iki tarafını da bir hamur fırçası kullanarak yumurta akı ile fırçalayın ve dikkatlice şekere batırın. Parşömen kağıdının üzerinde tamamen kuruması için bir kenara koyun

e) Panna cotta'yı soğutulmuş olarak servis edin ve her porsiyonu gül yapraklarıyla süsleyin.

69. Baharatlı Meyve Kompostolu Tarçınlı Panna Cotta

yapar: 8 porsiyon

PANNA COTTA İÇİN:
- 2 yemek kaşığı armut brendi
- 2 çay kaşığı aromasız jelatin
- 2 ½ su bardağı krem şanti
- ½ bardak sıkıca paketlenmiş koyu kahverengi şeker
- 1/8 çay kaşığı tuz
- 1 su bardağı ekşi krema
- 1 ½ çay kaşığı saf vanilya özü
- 2 çay kaşığı öğütülmüş tarçın

KOMPOSTOSU İÇİN:
- 2 su bardağı armut nektarı
- ¼ fincan paketlenmiş koyu kahverengi şeker
- Uzun şeritler halinde çıkarılmış 1 limonun kabuğu
- 2 tarçın çubuğu ikiye bölünmüş
- ¼ çay kaşığı karabiber, kırık
- 4 karanfil
- 1/8 çay kaşığı tuz
- 2 adet olgun fakat sert orta boy armut, küp şeklinde kesilmiş
- 2 orta boy pişirme elması, küp şeklinde
- ¼ su bardağı doğranmış kuru kayısı
- ¼ bardak doğranmış kuru erik
- ¼ su bardağı doğranmış kuru incir
- ¼ bardak kurutulmuş kızılcık
- 2 yemek kaşığı armut brendi
- 1 yemek kaşığı taze limon suyu

PANNA COTTA'YI YAPIN:
a) Brendiyi küçük bir kaseye dökün, jelatini brendinin üzerine serpin ve jelatini yumuşatmak için yaklaşık 5 dakika bekletin.
b) Bu arada kremayı, esmer şekeri ve tuzu ağır, orta boy bir tencereye koyun. Orta ateşte, şeker eriyene ve karışım sıcak olana kadar karıştırarak ısıtın.

c) Yumuşatılmış jelatini ekleyin, çözünmesi için çırpın. Ekşi krema, vanilya ve tarçını iyice karışıp pürüzsüz hale gelinceye kadar çırpın.

ç) Karışımı büyük bir sıvı ölçüm kabına koyun veya aktarın ve 8 ¾ fincanlık muhallebi kaplarına, ramekinlere veya küçük kalıplara dökün. Gevşek bir şekilde plastik ambalajla örtün ve 4 saat veya gece boyunca soğutun.

d) Kalıptan çıkarmak için, her bir panna cotta'nın kenarlarını kesip gevşetin. Her bardağı 10 saniye boyunca sığ bir sıcak su kabına koyun. Hemen bir tabağa ters çevirin.

e) Hafif ılık kompostoyu her panna cotta'nın üzerine ve/veya çevresine kaşıkla dökün ve servis yapın.

f) İsterseniz kalıptan çıkarma işlemini atlayabilir ve panna cotta'yı doğrudan ramekinlerden alıp üzerine komposto ekleyerek servis edebilirsiniz.

KOMPOZU YAPIN:

g) Büyük, ağır bir tencerede armut nektarını, şekeri, limon kabuğu rendesini, baharatları ve tuzu birleştirin. Orta ateşte, karıştırarak şeker eriyene kadar kaynatın.

ğ) Isıyı azaltın, meyveleri ekleyin ve sık sık karıştırarak, armutlar ve elmalar yumuşayana, ancak şekillerini koruyana ve kurutulmuş meyveler dolgunlaşana kadar yaklaşık 5-8 dakika pişirin.

h) Delikli bir kaşıkla haşlanmış meyveleri bir kaseye aktarın; karanfillerin geride kaldığından emin olun.

ı) Kaçak sıvıyı yüksek ateşte, şurup kıvamına gelene ve orijinal hacminin yaklaşık yarısına ulaşana kadar yaklaşık 15 dakika kadar azaltın. Ateşi söndürün, brendi ve limon suyunu ilave edin ve ardından ince bir süzgeçten geçirerek haşlanmış meyvelerin bulunduğu kaseye dökün.

i) Birleştirmek için yavaşça karıştırın. Panna cotta'nın üzerine kaşıkla dökmeden önce, ılık olana kadar soğutun.

j) Veya tamamen soğutun, üzerini örtün ve ihtiyaç duyulana kadar soğutun. Servis yapmadan önce hafifçe ısıtın.

70. Kakule ve Kan Portakallı Panna Cotta

İÇİNDEKİLER:

KAN PORTAKAL VE KAKULE PANNA COTTA:
- 1 1/2 bardak badem sütü
- 1/2 bardak hindistan cevizi kreması
- 1/2 su bardağı taze sıkılmış kan portakalı suyu
- 1 zarf jelatin
- 1/4 su bardağı organik şeker kamışı
- 2 yemek kaşığı bal
- 1 çay kaşığı kakule tozu
- 1 çay kaşığı vanilya çekirdeği ezmesi veya 1 çay kaşığı vanilya çekirdeği özütü

KAN PORTAKAL JELİ:
- 1 1/2 su bardağı + 1/2 su bardağı kan portakalı suyu, bölünmüş
- 2 zarf jelatin
- 1 çay kaşığı kan portakalı kabuğu rendesi
- 1/3 su bardağı organik şeker kamışı
- 1/4 çay kaşığı tuz

KIZARTILMIŞ KİNOA PARÇASI:
- 1/2 bardak kinoa
- 3 yemek kaşığı akçaağaç şurubu veya bal
- 1 yemek kaşığı hindistan cevizi yağı
- 1/4 çay kaşığı tuz
- 1/4 çay kaşığı kakule tozu
- 2 yemek kaşığı dondurularak kurutulmuş ahududu
- 2 yemek kaşığı kavrulmuş fıstık iri kıyılmış

GARNİTÜR:
- 2 kan portakalı dilimleri ikiye bölünmüş

TALİMATLAR

KAN PORTAKAL VE KAKULE PANNA COTTA:

a) Küçük bir tencerede, 1 bardak oda sıcaklığındaki badem sütünün üzerine jelatin serpin. Yumuşaması için 1 dakika bekletin. Jelatin karışımını, jelatin eriyene kadar kısık ateşte ısıtın ve tavayı ocaktan alın.

b) Büyük bir tencerede kalan badem sütünü, hindistancevizi kremasını, kan portakal suyunu, balı, şekeri, kakule tozunu, tuzu, vanilya çekirdeği ekstraktını bir araya getirin ve orta ateşte kaynayana kadar karıştırın. Kaynattıktan sonra tavayı ocaktan alın ve jelatin karışımını karıştırın. Soğumaya bırakın.
c) Karışımı 4 adet şarap bardağına eşit şekilde bölüştürüp buzdolabında 4 saat veya bir gece bekletin.

KAN PORTAKAL JELİ:
ç) 1 1/2 bardak kan portakalı suyunu ısıtın. 2 jelatin zarfı 1/2 bardak kan portakalı suyuyla karıştırın ve ılık meyve suyuyla karıştırın. Şekeri ve kabuğu rendesini ekleyin ve birleşip şeker eriyene kadar çırpın.
d) Yavaşça ve eşit şekilde 4 bardağa dökün ve buzdolabında soğumaya bırakın.

KIZARTILMIŞ KİNOA PARÇASI:
e) Fırını 350 dereceye kadar önceden ısıtın.
f) Ahududu dışındaki tüm malzemeleri küçük bir kaseye atın ve küçük bir fırın tepsisine yavaşça yayın. Yaklaşık 20 dakika kadar fırında pişirin. Soğumaya bırakın. Parçalara ayırın.

TOPLANTI:
g) Her bardağa yaklaşık 1-2 çay kaşığı kızarmış kinoa ezmesi koyun. Üzerine biraz dondurularak kurutulmuş ahududu ve doğranmış antep fıstığını parçalayın.
ğ) Düzgün bir şekilde bir araya getirilen her panna cotta'nın üzerine yarım dilim kan portakalı ekleyin. Panna cotta'lar servise ve yenmeye hazır!

71. Jaggery ve Hindistan Cevizli Panna Cotta

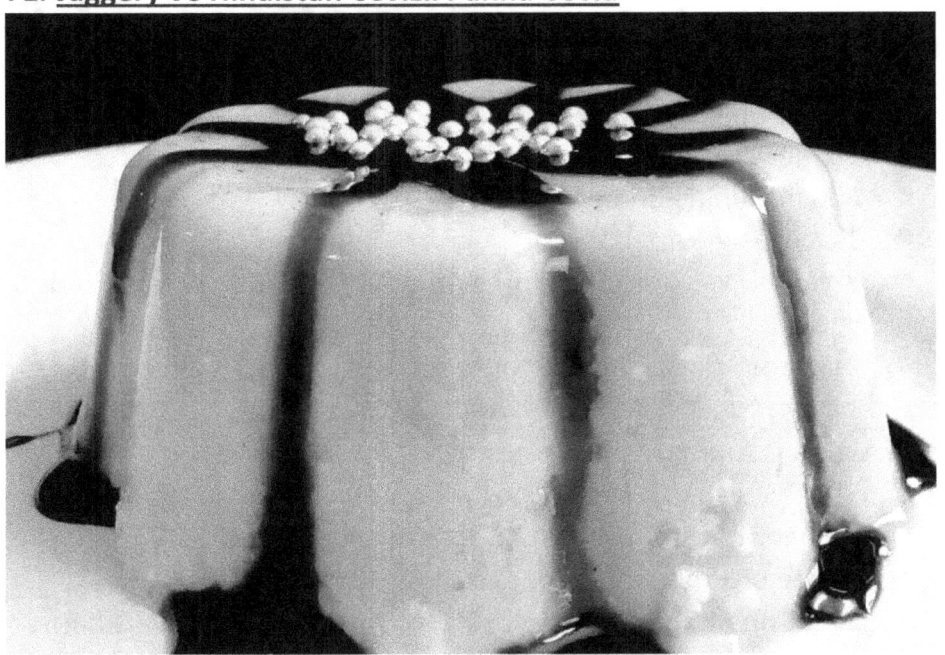

yapar: 6-7 porsiyon

İÇİNDEKİLER:

- 100 gr Jaggery
- 50 ml su
- 400 ml Hindistan Cevizi Sütü
- 1 çay kaşığı Tarçın tozu
- 3 yemek kaşığı Hindistan cevizi gevreği (rendelenmiş Hindistan cevizi)
- 2-3 yemek kaşığı Agar-Agar telleri

TALİMATLAR:

a) Bir tavaya su, kakule tozu, jaggery ve agar-agar şeritlerini ekleyin. Kaynatın ve tamamen eriyene kadar 5 ila 8 dakika kısık ateşte pişirin.

b) Şimdi ona hindistan cevizi sütü ve pulları ekleyin. İyice karıştırın ve hemen bireysel puding kalıplarına, kulfi kalıplarına veya bir cam tabağa dökün.

c) İyice kapatılmış bir buzdolabında 2-3 saat bekletin. Akşam yemeğinde 6-7 küçük porsiyon halinde, yemek sonrası tatlısı olarak sevdiklerinize veya misafirlerinize ikram edin.

ç) Ağızda eriyen bu vejetaryen panna cotta veya puding veya turta, damak tadınıza hitap edecek harika bir ziyafettir. Hangi isimle anılırsa adlandırılsın, tadı hala aynı olacak ve tadına bakıldıktan uzun süre sonra bile kalıcı olacaktır. Çok güzel!

72. Kakule-ballı yoğurt Panna cotta

İÇİNDEKİLER:

- 3 yemek kaşığı jelatin tozu
- 500 ml süt
- 100 gram pudra şekeri
- 1 1/2 yemek kaşığı kakule tozu
- 200 gram yoğurt
- 3 yemek kaşığı bal + servis için ekstra bal
- 2 yemek kaşığı tuzsuz tereyağı
- 1 damla vanilya özü
- Garnitür için küçük parçalar halinde kesilmiş 1/2 olgun mango

TALİMATLAR:

a) Süt, şeker ve kakule tozunu bir tencerede şeker eriyene kadar ısıtın. Kaynamaya başlayınca 3 yemek kaşığı jelatin tozunu ekleyip bu sütü kaynatın. Sürekli olarak 3-4 dakika veya tamamen eriyene kadar karıştırılır.

b) Ateşten alın ve 1 damla vanilya özü ekleyip iyice karıştırın. Ve 15 dakika soğumaya bırakın.

c) 15 dakika sonra yoğurt balını ve 1/2 çay kaşığı kakule tozunu bir kasede çırpın. Değirmenin içine dökün ve yavaşça çırpın ve iyice karıştırın.

ç) Puding kalıbını veya kasesini soğuk suyla durulayın, kalıp veya kase henüz ıslakken karışımı aralarında paylaştırın. Buzdolabında 3-4 saat ya da gece boyunca katılaşana kadar soğutun.

d) Servise hazır olduğunda her yoğurdun kenarını bıçakla gevşetin, tabanını kol suyuna 5 saniye kadar batırın. Servis tabağına çıkarın.

e) Antep fıstığı ve doğranmış mango ile süsleyin ve servis için üzerine biraz fazladan bal gezdirin.

OTLU PANNA COTTA

73. Matcha Panna Cotta

yapar: 4 porsiyon

İÇİNDEKİLER:

- 1/2 bardak tam yağlı süt
- 2 bardak ağır krema
- 1/4 su bardağı toz şeker
- 1 yemek kaşığı matcha tozu
- 3 yaprak jelatin
- 1/2 çay kaşığı vanilya özü

TALİMATLAR

a) Panna cotta'yı kalıplardan tabaklara çıkarmayı planlıyorsanız, bardakların içini bitkisel yağla hafifçe yağlayın ve bir kağıt havlu kullanarak yağın çoğunu silin ve yalnızca hafif bir kalıntı bırakın. Aksi halde kaplamasız bırakabilirsiniz.

b) Jelatin tabakasını yumuşayana kadar soğuk suda bekletin. Bir kenara koyun.

c) Orta boy bir tencerede sütü, kremayı, şekeri ve matcha tozunu kaynayana kadar ısıtın. Isıdan çıkarın.

ç) Fazla suyu çıkarmak için jelatini sıkın ve tavaya ekleyin, jelatin eriyene kadar sürekli karıştırın. Vanilya ekstraktını karıştırın.

d) Karışımı ince bir süzgeçten geçirin ve hazırlanan kalıplara eşit şekilde dökün. En az 4 saat veya gece boyunca sertleşene kadar buzdolabında saklayın.

e) Kalıptan çıkarmak için, panna cotta'yı gevşetmek için kalıbın altını 5 saniye boyunca sıcak su dolu bir tencereye batırın. Kenarına bir bıçak kaydırıp dikkatlice servis tabağına ters çevirin.

f) En iyi mevsim meyveleri ile soğuk olarak servis edilir.

74. Jamun Soslu Limon Otu Fesleğen Tohumlu Pannacotta

İÇİNDEKİLER :
LİMON OTU PANNACOTTA İÇİN:
- 3 Bardak Ağır krema
- 1 Bardak Süt
- ¼ Bardak Limon Otu Sapı, iri kıyılmış
- 4-5 yemek kaşığı şeker
- 1 Su Bardağı Islatılmış Fesleğen tohumu
- ½ çay kaşığı, Vanilya Özü
- 14 gram, aromasız jelatin
- ¼ bardak, su

SOSU İÇİN:
- 1 ½ Bardak, Çekirdeği Çıkarılmış Jamun Posası
- ½ bardak) şeker
- ½ Bardak, Su
- 1 çay kaşığı, Limon Kabuğu
- 1 çay kaşığı, limon suyu

TALİMATLAR

a) Kalın dipli bir tavaya kremayı ve sütü ekleyin ve orta ateşte kaynamamasına dikkat ederek ısıtın, sadece ısıtın.
b) Ateşi kapatın, doğranmış limon otunu, vanilya özünü ekleyin ve iyice karıştırın. Kapağını kapatıp 30 dakika kadar bekletin.
c) Başka bir tavaya püre haline getirilmiş jamun, limon kabuğu rendesi, limon suyu, şeker ve suyu ekleyin. Kaynamaya bırakın ve sos kalınlaşıp parlak bir doku elde edinceye kadar kaynamaya bırakın. Sosu biraz sulu tercih ederseniz biraz su ekleyebilirsiniz. Bittiğinde, alevi kapatın ve tamamen soğumasını bekleyin.
ç) Bir kaseye jelatini birkaç yemek kaşığı suyun üzerine serpin ve yaklaşık 5 dakika kadar kabarmasını bekleyin.
d) Pannacotta kremasını süzün, limon saplarını atın ve tekrar tavaya döküp ısıtın, kaynamaması lazım. Şeker ve jelatin ekleyin. Jelatin iyice karışana kadar karıştırın.
e) Pannacotta'yı servis bardaklarına dökün, her bir bardağa fesleğen tohumlarını ekleyin ve soğuyana kadar buzdolabında saklayın.
f) Üzerine jamun sosu ve fesleğen tohumlarını ekleyin.
g) Soğuk servis yapın.

75. Rosé Haşlanmış Kayısılı Fesleğenli Panna Cotta

Yapım: 4

İÇİNDEKİLER:

- 1 1/2 bardak ağır krema
- 1/2 su bardağı fesleğen yaprağı, yıkanmış ve kurutulmuş
- 1 c. şeker, bölünmüş
- 1/2 vanilya çekirdeği
- 1/2 su bardağı süt
- 1 1/2 çay kaşığı jelatin
- 3/4 bardak roze şarap
- 4 adet taze kayısı, ikiye bölünmüş ve çekirdekleri çıkarılmış

TALİMATLAR

a) Ağır kremayı, fesleğen ve 1/4 bardak şekeri küçük bir tencereye ekleyin. Vanilya çubuğunu uzunlamasına ikiye bölün ve çekirdeklerini küçük bir kaşıkla kremanın içine kazıyın, ardından vanilya çubuğunu da kremaya ekleyin. Kremayı orta ateşte ısıtın, şekeri eritmek için krema kaynama noktasına gelene kadar hafifçe karıştırın. Ocaktan alıp 15 dakika bekletin, ardından kremayı ince bir süzgeçten geçirerek bir kaseye süzün. Plastik ambalajla örtün ve soğuyuncaya kadar en az 30 dakika soğutun. Fesleğeni atın.

b) Sütü küçük bir tencereye ekleyin ve jelatini sütün üzerine serpin. Birleştirmek için yavaşça karıştırın. Jelatinin hidratlanması için 10 dakika bekletin, ardından orta-düşük ateşte jelatin eriyene kadar ısıtın; bu yaklaşık 90 saniye ila 2 dakika sürecektir. Ateşten alın, birleştirmek için çırpın ve ardından soğutulmuş fesleğenle demlenmiş kremaya dökün. Karışımı tamamen birleştirmek ve jelatini soğutmaya başlamak için 1 dakika çırpın, ardından karışımı dört ramekin veya bardağa bölün, her birini plastik ambalajla örtün ve sertleşinceye kadar en az iki saat soğutun.

c) Kayısılar için: kalan 3/4 c'yi ekleyin. şekeri ve gülü küçük bir tencereye koyun. Kaynamaya bırakın, ardından kayısı yarımlarını yavaşça tencereye koyun ve kaynayan sıvıya batırın.

Yaklaşık 3-4 dakika yumuşayana kadar pişirin, ardından delikli bir kaşıkla bir kaseye çıkarın. Sıvı yarı yarıya azalıncaya ve hafif şurup kıvamına gelinceye kadar yaklaşık 10-15 dakika kaynatmaya devam edin. Ateşten alıp kayısıların üzerine dökün. Kayısıların ve şerbetin üzerini kapatıp soğuyuncaya kadar soğutun.

ç) Her panna cotta'yı bir veya iki yarım kayısı ve üstüne birkaç kaşık dolusu şurup dökerek servis edin. Soğuk servis yapın.

76. Fıstıklı ve Fesleğenli Panna Cotta

4 porsiyon

İÇİNDEKİLER:
- 1 bardak ağır krema
- 1/4 bardak taze fesleğen, doğranmış
- 1/4 su bardağı beyazlatılmış ve püre haline getirilmiş antep fıstığı
- 1/2 su bardağı şeker
- 3/4 su bardağı süt
- 3 çay kaşığı toz jelatin
- 2-3 damla fıstık esansı (isteğe bağlı)

TALİMATLAR:
a) Krema, fesleğen, fıstık püresi ve şekeri bir tencerede birleştirin ve ateşe verin.
b) Öncelikle kaynamaya bırakın ve 5 dakika kadar kaynamaya bırakın. Ateşten alın ve karışımın 15 dakika demlenmesini sağlayın.
c) Katıları çıkarmak için ince gözenekli bir elek veya muslin kumaştan bir kaseye dökün.
ç) Başka bir tencereye 1/2 su bardağı sütü dökün ve ısınmaya bırakın. Ateşten alın, toz jelatini ekleyin ve birkaç dakika bekletin. Tekrar ateşe verin ve sütü 2 dakika kadar kaynatın.
d) Jelatin ve süt karışımını önceden hazırlanan krema karışımıyla karıştırıp iyice karıştırın.
e) Kalıpları hafifçe yağlayın.
f) Karışımı kalıplara dökün ve soğuyuncaya kadar buzdolabında saklayın. Bu yaklaşık 3-4 saat sürecektir.
g) Plaka üzerinde kalıptan çıkarın veya kalıbın kendisinde bulundurun. Kıyılmış antep fıstığı veya en sevdiğiniz taze meyveler veya komposto ile süsleyin.

77. Safran Fıstıklı Panna Cotta

Yapım: 2 porsiyon

İÇİNDEKİLER:
- 2 yemek kaşığı Yumuşak paneer veya ev yapımı süzme peynir
- 2 çay kaşığı Şeker
- 2 yemek kaşığı Süt
- 1 yemek kaşığı Krema
- 1 tutam Safran
- Agar agar tozu – büyük bir tutam
- 2 çay kaşığı Antep fıstığı
- 1 tutam Kakule tozu

TALİMATLAR:
a) Yumuşak paneer ve toz şekeri pürüzsüz olana kadar ezin.
b) 2 yemek kaşığı süt, 1 yemek kaşığı krema ve bir tutam safranı birlikte kaynatın.
c) Büyük bir tutam agar agar tozu ekleyin.
ç) Pürüzsüz olana kadar çırpın.
d) Paneer karışımı, kakule tozu ve doğranmış fıstık ekleyin. İyice karıştırın.
e) Yağlanmış bir kalıba 1/4 çay kaşığı kıyılmış fıstık ekleyin. Panna cotta karışımını dökün.
f) 2 saat buzdolabında dinlendirin.
g) Kalıptan çıkarıp servis yapın. Üzerine dilediğiniz şurubu ve meyveleri ekleyin.
ğ) Şekerini damak tadınıza göre ayarlayabilirsiniz.

ÇİÇEKLİ PANNA COTTA

78. Mürver çiçeği panna cotta çilekli

Yapım: 6

İÇİNDEKİLER:
- 500ml çift krema
- 450 ml tam yağlı süt
- 10 büyük mürver çiçeği başı, çiçekler toplanmış
- 1 vanilya çubuğu, çekirdekleri çıkarılmış
- 5 jelatin yaprağı
- 85 gr altın pudra şekeri

PARÇA İÇİN
- 75g tereyağı, ayrıca yağlama için ekstra
- 75 gr sade un
- 50 gr altın pudra şekeri
- 25 gr öğütülmüş badem

HİZMET ETMEK
- 250g meyve sepeti çilekleri, üst kısımları kesilmiş
- 1 yemek kaşığı altın pudra şekeri
- süslemek için birkaç tane mürver çiçeği toplanmış

TALİMATLAR

a) Krema, süt, çiçekler, vanilya çubuğu ve tohumları hafif ateşte ayarlanmış bir tavaya koyun. Sıvı kaynamaya başlar başlamaz ocaktan alın ve tamamen soğumaya bırakın.

b) Bu arada, ufalamak için tereyağını küçük bir tavaya dökün ve koyu kahverengiye dönene ve fındık kokusu alana kadar hafifçe ısıtın. Bir kaseye dökün ve sertleşinceye kadar oda sıcaklığında soğumaya bırakın.

c) Krema karışımı soğuduktan sonra, altı adet 150 ml'lik dariole kalıbının içlerini hafifçe yağlayın. Jelatin yapraklarını 10 dakika soğuk suda bekletin. Soğutulmuş krema karışımını bir elekten geçirerek temiz bir tavaya süzün, mürver çiçeklerini ve vanilya çubuğunu atın. Şekeri dökün ve çözünmesi için karıştırın. Kısık ateşe alıp tekrar kaynamaya bırakın ve ardından büyük bir sürahiye dökün. Jelatindeki fazla sıvıyı sıkın ve eriyene kadar sıcak kremaya karıştırın. Karışım soğuyup biraz koyulaşana kadar karıştırmaya devam edin, böylece tüm vanilya tohumları dibe çökmez. Kalıplara dökün ve en az 4 saat soğutun. ayarlanana kadar.

ç) Fırını 180C/160C fan/gaza ısıtın 4. Kızartılmış tereyağını una sürün, ardından şeker ve bademleri karıştırın. Pişirme kağıdı serili tepsiye yayın. Birkaç kez karıştırarak, altın rengi oluncaya kadar 25-30 dakika pişirin. Soğumaya bırakın.

d) Çilekleri dilimleyin, ardından şeker ve 1 çay kaşığı su ile karıştırın. 20 dakika kadar maserasyona bırakın.

e) Panna cotta'ları tabaklara çıkarın ve üzerine çilekleri ve meyve sularını ekleyin. Ufalanan parçanın bir kısmını üzerine serpin, fazla olanı yan taraftaki bir kasede servis edin, ardından birkaç mürver çiçeğiyle süsleyin.

79. Limon Şuruplu Lavanta Panna Cotta

Yapım: 4 Porsiyon

İÇİNDEKİLER:
LAVANTA PANNA COTTA İÇİN:
- 1/4 su bardağı su
- 1 zarf jelatin
- 1-3/4 bardak ağır krema
- 1 bardak tam yağlı süt
- 1/3 su bardağı şeker
- 1-1/2 yemek kaşığı kurutulmuş lavanta tomurcukları

LİMON ŞURUBU İÇİN:
- 1/2 su bardağı taze sıkılmış limon suyu
- 1 su bardağı şeker

TALİMATLAR
LAVANTA PANNA COTTA İÇİN:

a) Dört adet 6 onsluk muhallebi kabını yapışmaz yağla hafifçe kaplayın ve rezerve edin.

b) Küçük bir tabağa su ekleyin ve üzerine jelatin serpin ve çiçek açması için 5-10 dakika bekletin.

c) Küçük bir tencereye kremayı, sütü ve şekeri ekleyin. Orta ateşte neredeyse kaynama noktasına kadar ısıtın, şekeri çözmek için karıştırın. Ateşten alın; lavanta tomurcuklarını karıştırın ve üzerini kapatın. 10 dakika kadar bekletin ve demleyin.

ç) Jelatin kabını mikrodalgaya koyun ve ince bir şurup haline gelinceye kadar on saniye boyunca çırpın. Jelatini krema karışımına ekleyin, iyice karıştırarak birleştirin.

d) Karışımı ince delikli bir süzgeçten geçirerek başka bir kaseye dökün, lavanta tomurcuklarını atın. Karışımın ılık olarak soğumasını bekleyin.

e) Karışımı karıştırın ve dört adet 6 onsluk muhallebi tabağına veya kalıbına dökün. Buzdolabına aktarın ve iyice sertleşene kadar 2-4 saat veya gece boyunca soğutun.

LİMON ŞURUBU İÇİN:

f) Orta ateşteki küçük bir tencerede limon suyu ve şekeri birleştirin. Kaynatın, ısıyı en aza indirin ve biraz azaltmak için 10 dakika pişirin.
g) Ateşten alın ve kapaklı bir kavanoza eklemeden önce soğumasını bekleyin, ardından kullanıma hazır olana kadar buzdolabında saklayın. Şurup soğuyunca koyulaşacaktır.
ğ) Panna Cotta'yı Limon Şurubu ile Servis Etmek İçin:
h) Donmuş panna cotta'yı serbest bırakmak için, jelleşmiş panna cotta'nın iç kenarına bir bıçak sürün. Her seferinde bir tabakla çalışarak tabağı 10 saniye boyunca ılık suya koyun.
ı) Sudan kaldırın ve nemli parmaklarla jelatini kalıbın kenarından yavaşça çekin. Nemli bir servis tabağıyla üzerini örtün. Plakayı ters çevirin ve tabağı dikkatlice kaldırın.
i) Nemlendirilmiş servis tabağını kalıbın üzerine yerleştirin. Kalıbı yavaşça çıkarın ve limon şurubunu üstüne gezdirin.
j) Biraz taze lavanta çiçeğini parçalayın ve şurubun üzerine serpin. Her porsiyonu lavanta çiçekleri ile süsleyin

80. Kelebek Bezelye İnfüzyonlu Panna Cotta

Yapım: 4 Porsiyon

İÇİNDEKİLER:
- 1/2 bardak tam yağlı süt
- 2 bardak ağır krema
- 1/4 su bardağı toz şeker
- 3 yaprak jelatin
- 2 yemek kaşığı kurutulmuş kelebek bezelye çiçeği
- 1/2 çay kaşığı vanilya özü

TALİMATLAR

a) Panna cotta'yı kalıplardan tabaklara çıkarmayı planlıyorsanız, bardakların içini bitkisel yağla hafifçe yağlayın ve bir kağıt havlu kullanarak yağın çoğunu silin ve yalnızca hafif bir kalıntı bırakın. Aksi halde kaplamasız bırakabilirsiniz.

b) Jelatin tabakasını yumuşayana kadar soğuk suda bekletin. Bir kenara koyun.

c) Orta boy bir tencerede sütü, kremayı ve şekeri kaynayana kadar ısıtın, ancak kaynatmayın.

ç) Isıdan çıkarın.

d) Fazla suyu çıkarmak için jelatini sıkın ve tavaya ekleyin, jelatin eriyene kadar sürekli karıştırın.

e) Vanilya özü ve kurutulmuş kelebek bezelye çiçeklerini ekleyin. Karışımın 15 dakika veya karışım mavi oluncaya kadar demlenmesine izin verin.

f) Karışımı ince bir süzgeçten geçirin ve hazırlanan kalıplara eşit şekilde dökün. En az 4 saat veya gece boyunca sertleşene kadar buzdolabında saklayın.

g) Kalıptan çıkarmak için, panna cotta'yı gevşetmek için kalıbın altını 5 saniye boyunca sıcak su dolu bir tencereye batırın. Kenarına bir bıçak kaydırıp dikkatlice servis tabağına ters çevirin.

ğ) En iyi soğuk servis edilir.

81. Hibiscus Berry Soslu Vanilyalı Hindistan Cevizli Panna Cotta

Şunu yapar: 2 büyük porsiyon

VANİLYA HİNDİSTAN CEVİZİ PANNA COTTA:
- 1 paket granül jelatin
- 3/4 bardak hindistan cevizi sütü
- 1 su bardağı hindistan cevizi kreması
- 1 bardak ağır krema
- 2 yemek kaşığı pudra şekeri
- 1/2 çay kaşığı vanilya fasulyesi ezmesi

Ebegümeci Berry Sosu
- 1/2 bardak taze veya dondurulmuş karışık meyveler
- 4 adet kurutulmuş ebegümeci çiçeği
- 1/4 yemek kaşığı pudra şekeri

TALİMATLAR
VANİLYA HİNDİSTAN CEVİZİ PANNA COTTA:

a) Hindistan cevizi yağı veya bitkisel yağ ile çok hafifçe yağlayarak dört adet 4 ons veya daha büyük ramekin, kalıp veya bardak hazırlayın. Panna cotta'yı kalıba yerleştirmezseniz bu adımı atlayabilirsiniz. Kalıp olarak 4 adet Fransız şarap kadehi kullandım. ama servis için rahatlıkla bardağın içinde bırakabilirsiniz.

b) Küçük bir kapta jelatini 3 yemek kaşığı soğuk suyun üzerine serpin. Karıştırın ve yumuşaması için bekletin.

c) Orta ateşte küçük bir sos tavasında, hindistancevizi sütünü ve kremayı, kenarlarında kabarcıklar oluşmaya başlayana kadar birlikte ısıtın. Isıyı düşürün ve yumuşatılmış jelatini ekleyin, tamamen eriyene kadar karıştırın.

ç) Tavayı ocaktan alın ve buzlu suyla büyük bir kap hazırlayın. Hindistan cevizi jelatin karışımını biraz daha küçük bir kaseye süzün ve kaseyi buzlu suyun içine yerleştirin. Kaseyi kauçuk bir spatula ile yavaşça kazıyın ve karışım soğuyup koyulaşmaya başlayıncaya kadar karıştırın. Karışım sertleşmeye başlarsa hemen çıkarın.

d) Büyük kasedeki buzlu suyu dökün ve silerek temizleyin. Ağır kremayı kaseye yerleştirin ve pudra şekerini eriyene kadar karıştırın. Tamamen karışıncaya kadar yavaş yavaş hindistan cevizi jelatinini ekleyin. Hava kabarcıklarının oluşmasını önlemek için kuvvetlice karıştırmamaya çalışın.
e) Karışımı hazırladığınız ramekinlere, bardaklara veya kalıplara dökün. En az 4 saat veya katılaşana kadar buzdolabına koyun.
f) Panna cotta'nızı kalıptan çıkarmak için kalıbınızın kenarlarını gevşemeye başlayıncaya kadar ılık suyun altında tutun. Panna cotta'yı kenardan yavaşça çekmek için parmağınızı kullanın. Daha sonra servis tabağınıza ters çevirin.

Ebegümeci Berry Sosu:

g) Orta-yüksek ateşte küçük bir sos tavasında 1 bardak suyu pudra şekeriyle karıştırın. Kaynatın ve 1 dakika kaynamaya bırakın. Ateşten alın ve ebegümeci çiçeklerini ekleyin. Bir kenara koyun ve 30 dakika demlenmeye bırakın.
ğ) Ebegümeci çiçeklerini şuruptan çıkarın ve atın veya süslemek için ayırın. Meyveleri tavaya ekleyin ve tekrar ocağa koyun ve orta ateşte ısıtın.
h) Kısık ateşe alıp hafif koyulaşana kadar pişirin. Dondurulmuş meyveler kullanıyorsanız, çok fazla karıştırmamaya çalışın, meyveleri parçalayın veya sos kalınlaşmaya başladıktan sonra eklenmek üzere meyvelerin 1/4'ünü ayırın.
ı) Sosu buzdolabında saklayın ve servis yapmadan önce en az 2 saat soğutun.

82. Yaban Mersini ve Leylak Şurubu Panna Cotta

Yapım: 2 Panna Cotta

İÇİNDEKİLER:
LEYLAK ŞURUBU İÇİN
- 1 su bardağı leylak çiçeği
- 240 gr beyaz şeker
- 250 ml su

PANNA COTTA İÇİN
- 3 gram jelatin tabakası
- 200 ml krema tam krema
- 80 gram yaban mersini
- 30 gram leylak şurubu
- 40 gram beyaz şeker

BLUEBERRY COULIS İÇİN
- 100 gram taze yaban mersini
- 30 gram beyaz şeker
- 10 ml limon suyu

BEYAZ ÇİKOLATA GANAŞI İÇİN
- 60 gram tam krema
- 100 gram beyaz çikolata

KAPLAMA İÇİN
- Plaka başına 5-8 yaban mersini
- Küçük bir avuç leylak çiçeği

LEYLAK ŞURUBU İÇİN

a) Tek tek leylak çiçeklerini saplarından çıkarın. Yalnızca mor çiçekleri aldığınızdan, tüm kahverengi çiçekleri ve yeşil sapları attığınızdan emin olun. Eflatun çiçekleri yıkayın.

b) Çiçekleri, şekeri ve suyu bir tencereye koyun. Orta ateşte kaynamaya bırakın ve 10 dakika kadar kaynatmaya devam edin. Ateşten alın ve tel süzgeçten geçirin. Çiçeklerden mümkün olduğunca fazla renk ve lezzet çıkarmak için metal bir kaşığın arkasını kullanın.

c) Şurubu oda sıcaklığına soğumaya bırakın, ardından soğutun. Bir hafta önceden yapılabilir.

PANNA COTTA İÇİN

ç) Jelatin tabakalarını, tabakaları kaplayacak kadar soğuk suya yerleştirin. Daha önce kullanmadıysanız jelatin tabakaların erimesi konusunda endişelenmeyin, soğuk suda bir tabaka halinde tutunacaklar ancak yumuşaklaşacaklardır.

d) Krema, yaban mersini, leylak şurubu ve şekeri bir tencereye koyun. Orta ateşte neredeyse kaynama noktasına getirin. Kabarcıklar görmeye başladığınızda ocaktan alın ve bir blender ile pürüzsüz hale gelinceye kadar karıştırın. Orta ateşe dönün ve kaynamaya getirin. Ateşten alın.

e) Jelatin tabakalarını sudan çıkarın ve fazla suyu silkeleyin. Sıcak kremaya ekleyin ve eriyene ve iyice birleşene kadar yavaşça karıştırın.

f) Panna cotta karışımını tel süzgeçten süzün. Kalıplara dökün ve üstü açık olarak oda sıcaklığına soğutun. Bu en az bir saat sürecektir. Oda sıcaklığına geldikten sonra kapağını kapatıp bir gece buzdolabında bekletin. Birkaç gün önceden yapılabilir.

BLUEBERRY COULIS İÇİN

g) Yaban mersini sosunu servis gününde yapın. Bir tencereye yaban mersini, şeker ve limon suyunu ekleyin ve bir çubuk blender ile pürüzsüz hale gelinceye kadar karıştırın. Orta ateşte, kaynama noktasına getirin ve sos koyulaşıncaya kadar pişirin. Geleneksel reçel kıvamına benzer ancak kuru değildir.

ğ) Bir kenara koyun ve oda sıcaklığına soğumaya bırakın.

GANAŞ İÇİN

h) Çikolatayı küçük parçalara veya talaşlara doğrayın ve temiz bir kaseye koyun. Bir kenara koyun.

ı) Kremayı küçük bir tencereye koyun. Orta ateşte kaynama noktasına getirin. Gözlerinizi ondan ayırmayın. Krema çok çabuk kaynama eğilimindedir. Ocaktan alıp beyaz çikolataya ekleyip çırpın. Çikolata tamamen eriyene ve pürüzsüz bir ganaj elde edene kadar çırpmaya devam edin. Küçük bir dökme kabına dökün. Konuk başına ayrı kaplar düşünmek düşüncelidir, ancak ortak bir kapta kalan ganaj için yapılan kavga işleri eğlenceli hale getirebilir.

i) Yemek sırasında zamanlama açısından ganajı servise mümkün olduğunca yakın yapın. Kremanın olduğu tencereyi buzdolabına koyuyorum ve rendelenmiş çikolatayı kasenin içinde oda sıcaklığında hazır bekletiyorum. Ana yemek bitince hemen ganajı hazırlayıp servis kabına döküyorum. Daha sonra panna cotta'yı tabağa koyuyorum.

KAPLAMA

j) Bulaşıklarınızın, tabaklarınızın ve tüm malzemelerinizin oda sıcaklığına kadar soğuduğundan emin olun. Panna cotta'nın üzerine veya altına sıcak bir şey koymak panna cotta'yı eritecektir. Taze leylak çiçeklerini ve yaban mersinlerini yıkayın ve kuruması için bir havlunun üzerine koyun.

k) Panna cotta'yı kalıplardan çıkarmak için keskin bir bıçak alın. Panna cotta'yı yan tutarak bıçağın ucunu kalıbın içi ile panna cotta arasına yerleştirin. Panna cotta'yı delmemeye dikkat ederek bıçağı yavaşça itin. Panna cotta'nın ağırlığı onu kalıbın kenarlarından uzaklaştırmaya başlayacaktır, bırakın yer çekimi size yardımcı olsun. Soyulmaya başladığında, kalıbı kenarlarından tamamen soyuluncaya kadar kademeli olarak yuvarlamaya başlayın. Kalıbı yan tarafında tutmaya devam edin.

l) Plakayı, hala yan taraftayken, tam olarak panna cotta'nın plaka üzerinde olmasını istediğiniz yere, kalıbın açıklığına yerleştirin ve plaka altta olacak şekilde kalıbı ters çevirin. Tıpkı jöleye dönüştüğün gibi. Çıkarmakta zorluk çekiyorsanız kalıbın altını hızlıca çok sıcak suya batırabilirsiniz, panna cotta'nın içerisine su girmemesine dikkat edin.

m) Küçük bir kaşık kullanarak her panna cotta'nın üzerine sostan bir miktar koyun. Kaşığın arkasını kullanarak coulis'i dikkatlice panna cotta'nın kenarına kadar yayın.

n) Her tabağı yaban mersini ve çiçeklerle süsleyin. Panna cotta'nın tepesine batmış gibi görünmesi için yaban mersinlerinden birinin alttaki üçte birlik kısmını sık sık dilimliyorum.

o) Ganajı masanın üzerine koymayı unutmayın!

83. Ballı Papatya Panna Cotta

yapar: 4 porsiyon

İÇİNDEKİLER:

- 1/2 bardak tam yağlı süt
- 2 bardak ağır krema
- 1/4 su bardağı toz şeker
- 3 yaprak jelatin
- 1/2 çay kaşığı vanilya özü
- 1 su bardağı kurutulmuş papatya çiçeği
- üzeri için tatlım

TALİMATLAR

a) Panna cotta'yı kalıplardan tabaklara çıkarmayı planlıyorsanız, bardakların içini bitkisel yağla hafifçe yağlayın ve bir kağıt havlu kullanarak yağın çoğunu silin ve yalnızca hafif bir kalıntı bırakın. Aksi halde kaplamasız bırakabilirsiniz.

b) Jelatin tabakasını yumuşayana kadar soğuk suda bekletin. Bir kenara koyun.

c) Orta boy bir tencerede sütü, kremayı ve şekeri kaynayana kadar ısıtın.

ç) Isıdan çıkarın.

d) Fazla suyu çıkarmak için jelatini sıkın ve tavaya ekleyin, jelatin eriyene kadar sürekli karıştırın.

e) Vanilya özü ve kurutulmuş papatya çiçeklerini ekleyin. Karışımın 10-15 dakika demlenmesine izin verin.

f) Karışımı ince bir süzgeçten geçirin ve hazırlanan kalıplara eşit şekilde dökün. En az 4 saat veya gece boyunca sertleşene kadar buzdolabında saklayın.

g) Kalıptan çıkarmak için, panna cotta'yı gevşetmek için kalıbın altını 5 saniye boyunca sıcak su dolu bir tencereye batırın. Kenarına bir bıçak kaydırıp dikkatlice servis tabağına ters çevirin.

84. Gül yoğurtlu panna cotta

Yapım: 2 porsiyon

İÇİNDEKİLER:
- 1/2 su bardağı taze krema
- 1/2 su bardağı yoğurt
- 1 yemek kaşığı şeker
- 3 yemek kaşığı gül şurubu
- 1/4 çay kaşığı gül rengi
- 1,5 çay kaşığı agar agar
- 1 yemek kaşığı su
- Birkaç Damla Gül Özü
- Antep fıstığı

TALİMATLAR:

a) Büyük bir kapta yoğurt, 1 yemek kaşığı krema, Gül şurubu ve Gül özünü karıştırın, iyice birleşip pürüzsüz hale gelinceye kadar çırpın.

b) Küçük bir kapta Agar tozunu birleşene kadar ılık suyla çırpın.

c) Küçük bir tava veya tencerede, kalan kremayı ve şekeri düşük ila orta ateşte sık sık karıştırarak ısıtın. Şeker eridikten sonra agar tozu karışımını ekleyin ve karışım sıcak olana ve kaynayana kadar ancak kaynamayana kadar karıştırmaya devam edin. Yaklaşık 1-2 dakika sürecektir. Bu karışımı kaynatmamaya dikkat edin.

ç) Şimdi bu karışımı yoğurt karışımına dökün ve iyice birleşene kadar çırpın. Agar sertleşmeye başlayacağından bunu daha hızlı yapmanız gerekecektir.

d) Bu Panna cotta karışımını yağlanmış veya silikon kaselere paylaştırın ve buzdolabında donana kadar veya en az 4 saat soğutun.

e) Rose Yoğurtlu Panna Cotta'yı kalıplardan çıkarın ve üzerine kıyılmış antep fıstığı ile servis yapın.

85. Gulab Panna Cotta

İÇİNDEKİLER:

- 2 su bardağı taze krema
- 1/4 bardak gül şurubu
- 2 1/2 çay kaşığı agar agar jelatin
- 1/4 su bardağı pudra şekeri
- servis için gerektiği gibi Falooda
- İstenildiği kadar Süslemek için tatlı gül kreması
- gerektiği kadar Süslemek için küçük jöle küpleri
- 8-10 taze gül yaprağı
- 1/2 su bardağı şeker
- 1/2 çay kaşığı sıvı glikoz

TALİMATLAR:

a) Bir kaseye bir yemek kaşığı su alın. Jelatin ekleyin ve çiçeklenmeye bırakın. Kremayı yapışmaz bir tavada ısıtın ve kaynatın. Pudra şekeri ekleyin ve iyice karıştırın. Çiçeklenmiş jelatini mikrodalgada 30 saniye ısıtın ve kremaya ekleyin, iyice karıştırın ve jelatin tamamen eriyene kadar pişirin.

b) Karışımı başka bir kaseye süzün, gül şurubunu ekleyin ve iyice çırpın. Karışımı cam bir fırın kabına dökün. 2-3 saat veya sertleşene kadar buzdolabında saklayın.

c) Gülü kırılgan hale getirmek için yapışmaz bir tavayı ısıtın, şekeri ve az miktarda suyu ekleyin ve şekerin erimesini sağlayın, gül yapraklarını kabaca doğrayın. Tavaya sıvı glikoz ekleyin ve iyice karıştırın. Doğranmış gül yapraklarını ekleyip karıştırın. Karışımı silikon bir matın üzerine dökün, yayıp sertleşene kadar soğutun.

ç) Pannacotta'yı orta boy bir kurabiye kalıbı kullanarak yuvarlaklar halinde kesin ve kalıptan çıkarın.

d) Pannacotta yuvarlaklarını sığ bir servis tabağına yerleştirin ve yanlarına bir miktar kırılgan parça koyun ve bir kısmını süsleme için ayırın. Pannacotta'nın bir tarafına biraz su dökün, birkaç kırılgan parçayla süsleyin ve üzerine biraz gül şurubu gezdirin, biraz tatlı gül kreması, gül jölesi, renkli yenilebilir çiçek, yaprakları süsleyin ve hemen servis yapın.

86. Zencefil Güllü panna-cotta

yapar: 4 porsiyon

İÇİNDEKİLER:
- 1 bardak Süt
- 1/2 su bardağı krema
- 1/4 su bardağı şeker veya isteğe göre
- 1/4 bardak doğranmış zencefil
- 1 çay kaşığı Gül Özü
- Limon kabuğu rendesi az
- 10 gr Agar agar

TALİMATLAR:
a) Agar agarı 15-20 dakika suda bekletin.
b) Sütü bir sos tenceresine alın, kremayı, şekeri ekleyin, karıştırın ve kaynamaya bırakın.
c) Zencefil ve limon kabuğu rendesini ekleyip birkaç dakika kaynatın.
ç) Kapatın ve kapatın. 20 dakika dinlenmeye bırakın.
d) Şimdi karışımı süzün.
e) Tekrar tencereye alın ve kısık ateşte pişirin.
f) Bu arada ıslatılmış agar agarı suyla birlikte bir tencereye koyun ve agar agar eriyene kadar pişirin. Bunu yukarıdaki karışıma ekleyin.
g) Hepsi iyice karışana kadar pişirin. Kapatın ve gül özünü ekleyin. Karışım. Biraz serin.
ğ) Herhangi bir kalıbı alıp panna cotta karışımını yavaş yavaş dökün.
h) Sete kadar buzdolabında saklayın.
ı) Kalıptan çıkarın ve herhangi bir sos veya şurupla servis yapın. Burada çilek sosuyla servis ettim.

SARILMIŞ PANNA COTTA

87. <u>Küçük bardaklarda şampanya panna cotta, üzerinde meyveler var</u>

16 bardak

İÇİNDEKİLER:
VANİLYA PANNA COTTA
- 1 ¼ bardak yarım buçuk
- 1 ¾ bardak ağır krema
- 2 çay kaşığı aromasız jelatin
- 45 gram toz şeker
- Bir tutam tuz
- 1 ½ çay kaşığı vanilya özü

KÖPÜKLÜ ŞARAP JELİ
- 2 bardak Şampanya, Prosecco veya köpüklü şarap
- 2 çay kaşığı jelatin
- 4 çay kaşığı toz şeker

TALİMATLAR
VANİLYA PANNA COTTA
a) Küçük bir bardağa 2 yemek kaşığı yarım buçuk koyun ve jelatini eşit bir şekilde çiçek açması için üstüne serpin.
b) Geri kalan sütü, şekeri ve tuzu bir sos tenceresine koyun, kısık ateşte kaynamasına izin vermeyin. Eğer öyleyse, hemen ocaktan alın. Çok çabuk kaynayabileceği için sürekli kontrol altında tutun.
c) Şeker tamamen eriyene kadar karıştırın.
ç) Kremayı ekleyin ve tamamen karışana kadar karıştırın.
d) Çiçeklenmiş jelatini çırpın. Kaynamasına izin vermeyin.
e) Isıyı çıkarın.
f) Vanilya özü ekleyin.
g) Karışım oda sıcaklığına gelinceye kadar yavaşça karıştırın.
ğ) Karışımı shot bardaklarına veya uzun flüt bardaklara dökün. Her yeni bardağa dökmeden önce, karışımın ayrılmasını önlemek için hafifçe karıştırın.
h) Üzerine şampanya jölesi eklemeden önce buzdolabına hava geçirmez bir kaba yerleştirin. Yaklaşık 2-4 saat.

KÖPÜKLÜ ŞARAP JELİ

ı) Bir bardağa 2 yemek kaşığı köpüklü şarap koyun, üzerine jelatin serperek çiçek açın.
i) Şekeri ve Prosecco'yu küçük bir tavaya koyun ve kısık ateşte ısıtın.
j) Şeker eridikten sonra çırparken kabarmış jelatini ekleyin. Kaynamasına izin vermeyin.
k) Oda sıcaklığına soğuduktan sonra. Hazırlanan panna cotta'nın üzerine dökün. Karışımı her bir bardağa dökmeden önce yavaşça karıştırın.
l) Jöle sertleştiğinde, servis yapmadan hemen önce, seçtiğiniz bazı meyveleri yavaşça üstüne koyun. Bardağın geri kalanını şampanyayla doldurun. Çileklerin suyunun çıkması için bardağı çevirin. Flüt camı artık üç farklı renk katmanına sahip olacak.

88. Bourbon Haşlanmış Armut Panna Cotta

Yapım: 4 Porsiyon

İÇİNDEKİLER:
PANNA COTTA
- 1 paket aromasız jelatin
- 3 yemek kaşığı soğuk su
- 3 bardak ağır krema
- Bir tutam tuz
- 2 yemek kaşığı akçaağaç şurubu
- ½ bardak) şeker
- 1 çay kaşığı vanilya özü
- 8 oz. kremalı fraiche

Haşlanmış Burbon Armutları ve Sır
- 3 adet hafif olgunlaşmamış armut, çekirdekleri çıkarılmış ve dörde bölünmüş
- 1 bardak su
- ¼ bardak bal
- 1/4 limonun suyu
- bir tutam deniz tuzu
- 1 bardak burbon

TALİMATLAR
PANNA COTA:
a) 4 adet muhallebi kabı, kalıp veya benzer büyüklükte bardaklar çıkarın. Ramekinleri 9 x 13 inçlik bir fırın tepsisine veya kenarlı bir fırın tepsisine yerleştirin ve bir kenara koyun. Bu şunları sağlar: buzdolabına yerleştirmeyi kolaylaştırır.

b) Küçük bir tabakta jelatin ve soğuk suyu karıştırın. Jelatinin yaklaşık 5 dakika "çiçek açmasına" izin vermek için bir kenara koyun.

c) Bu arada orta boy bir tencereye ağır krema, bir tutam tuz, akçaağaç şurubu ve şekeri ekleyin. Karışımı kaynama noktasına gelene kadar ısıtın. Ateşten alın, vanilyayı ve jelatini ilave edin ve tamamen eriyene kadar karıştırın. Karışımı 10 dakika soğumaya bırakın.

ç) Creme fraiche'yi geniş bir karıştırma kabına yerleştirin. Krema karışımını yavaş yavaş, pürüzsüz hale gelinceye kadar çırpın. Karışımı ramekinler arasında eşit olarak bölün.

BOURBON PİŞİRİLMİŞ ARMUT:

d) Armutları, suyu, balı, limon suyunu ve burbonu küçük bir sos tavasına koyun. Kaynamaya bırakın ve armutlar yumuşayana kadar kısık ateşte pişirin; Karışımı ara sıra karıştırın, böylece dibe hiçbir şey yapışmaz veya yanmaz. Armutların düzgün bir şekilde haşlanması muhtemelen 35-45 dakikaya ihtiyaç duyacaktır. Armutlarınızı kontrol etmek için armutun içine bir kürdan batırın, kolayca girmesi gerekir.

e) Ateşten alın ve karışımın yaklaşık 15 dakika soğumasını bekleyin.

f) Panna cotta'nızın sağlam olduğundan emin olmak için kontrol edin, aksi takdirde armutlar katmanlar oluşturmak yerine içine batar. Karışım dokunulduğunda sertse, armutları soğutulmuş panna cotta'nın üzerine yelpaze şeklinde yerleştirin, ardından kalan haşlama sıvısını armutların hala içini gösterecek kadar üstüne kepçeyle dökün. 4 veya 24 saate kadar soğutun. Eğlence!!

89. Ayyaş Eggnog Panna Cotta

Yapım: 6

İÇİNDEKİLER:
- 4 bardak mağazadan satın alınan tam yağlı yumurta likörü
- ¼ fincan likör
- 3 ½ çay kaşığı toz jelatin
- Kurabiye kurabiyeleri, duble krema ve hindistan cevizi

TALİMATLAR

a) Eggnog'u bir tencereye dökün, ardından likörü ekleyin ve iyice karıştırın. Jelatini üstüne eşit şekilde serpin ve 5 dakika kabarmasını bekleyin.
b) Jelatin eriyene kadar sürekli karıştırarak 2-3 dakika kısık ateşte ısıtın. Kaynamasına veya kaynamasına izin vermeyin.
c) Karışımı şık bardaklara dökün ve buzdolabında 4 saat bekletin.
ç) Üzerini süsleyin ve servis yapın

90. Baileys Panna Cotta

yapar: 4 porsiyon

İÇİNDEKİLER:

- 1 su bardağı tam yağlı süt
- 1 su bardağı çift krema
- ½ bardak Baileys İrlanda Kremalı Likörü
- ½ su bardağı pudra şekeri
- Süslemek için 1 yemek kaşığı rendelenmiş çikolata
- 1 poşet jelatin

TALİMATLAR

a) Kremayı ve sütü orta ateşteki bir tencereye dökün ve kaynatın.
b) Şekeri ekleyin ve iyice çırparak çözünmesini sağlayın, ardından Baileys'i ekleyip tekrar çırpın.
c) Jelatini üzerine serpin ve tamamen çözülmesi için iyice çırpın.
ç) Karışımı 4 porsiyon bardağa paylaştırın ve en az 6 saat, ideal olarak bir gece boyunca buzdolabında bekletin.
d) Rendelenmiş çikolata ile süsleyin - isteğe bağlı.

91. Malibu Rumlu Hindistan Cevizli Panna Cotta

İÇİNDEKİLER:

- 400 ml kutu hindistan cevizi sütü
- 1 ½ çay kaşığı jelatin tozu
- 45 ml Malibu Rum Likörü
- 2 yemek kaşığı bal
- Meyveler

TALİMATLAR

a) Hindistan cevizi sütünün yarısını küçük bir tavada sıcak olana kadar yavaşça ısıtın, ancak kaynatmayın.
b) Jelatini ekleyin ve çözünmesi için birlikte çırpın.
c) Isıyı çıkarın.
ç) Kalan hindistancevizi sütünü ekleyin ve balı karıştırın.
d) Karışımın biraz soğumasını bekleyin ve ardından Malibu Rum Likörünü ekleyin.
e) Ramekinlere veya bardaklara dökün ve üzerine meyveler ekleyin.
f) Ayarlanana kadar buzdolabında saklayın.

92. Pina Colada Limonlu ve Ananaslı Panna Cotta

Yapım: 4

İÇİNDEKİLER:
PANNA COTTA İÇİN
- 400 gr kremalı fraiche
- 150 ml hindistan cevizi sütü
- 100 gr şeker
- 3 yaprak aromasız jelatin

ANANAS SALSA İÇİN
- 1 olgun ananas
- 50 gr şeker
- 30 ml malibu rom
- 25 gr kızarmış hindistan cevizi gevreği
- 1 limon
- 1 yemek kaşığı nane yaprağı

TALİMATLAR
PANNA COTTA İÇİN
a) Jelatini soğuk su dolu bir kaseye koyun ve 5-10 dakika yumuşamasını bekleyin.
b) Jelatin tabakaları bir kase suya batırılıyor
c) Bu arada orta boy bir sos tavasında creme fraiche, hindistancevizi sütü ve şekeri birleştirin ve orta ateşte kaynatın.
ç) Creme fraiche, hindistancevizi sütü ve şekeri bir tencerede çırpma teli ile
d) Ateşten alın ve süzülmüş jelatini ekleyerek karıştırın. Jelatinin tamamen çözündüğünden emin olmak için iyice çırpın. İnce bir elek ile süzün.
e) Sıcak panna cotta karışımına süzülmüş jelatin ekleniyor
f) Karışımı 4 ayrı servis bardağına paylaştırıp buzdolabında en az 2 saat bekletin.
g) Panna cotta karışımı tatlı bardaklarına dökülüyor.

ANANAS SALSA İÇİN
ğ) Ananası soyun ve eşit küpler halinde kesin.
h) Soyulmuş ananasın doğranması ve dilimlenmesi

ı) Büyük bir tavaya ananasları, şekeri ve romu ekleyin ve orta ateşte kaynatın. 2 dakika pişirin ve bir kaseye koyun.
i) Alevli bir tavada doğranmış ananasa eklenen şeker
j) 1 limonun kabuğunu ananasların üzerine rendeleyin ve iyice karıştırın. Oda sıcaklığında soğumaya bırakın ve ardından ince şeritler halinde kesilmiş naneyi ekleyerek bitirin.
k) Pişmiş ananas zarlarının üzerine limon kabuğu rendesi rendeleniyor
l) Panna cotta soğuduktan sonra üzerine ananaslı salsayı ekleyin.
m) Çöl bardağındaki panna cotta'nın üzerine ananas ekleniyor
n) Bitirmek için kızarmış hindistan cevizi pulları ve nane yapraklarıyla süsleyin.

93. Konyak Panna cotta

Yapım: 4 Porsiyon

İÇİNDEKİLER:
- 2 su bardağı krema
- 9 ons Şeker
- 3 tutam Jelatin
- 1 tutam Vanilya fasulyesi
- 8 yemek kaşığı Su
- ½ bardak konyak
- Biber

KARAMEL İÇİN:
a) Bir tavaya 7 ons şekeri suyla alın, karamelin açık kahverengi olmasından farklı olarak yavaşça kaynatın.
b) Karamelleri kalıplara yayın.

PANNA COTA:
c) Jelatini soğuk suya alın. Krema, şeker ve vanilya çubuğunu karıştırıp kaynatın.
ç) Yavaş ateşte en az 5 dakika kaynatın.
d) Vanilyayı çıkarın, konyak ve jelatini ekleyin. İyice karıştırın. Hazırlanan formlara yayın.
e) Bir saklama kabına yerleştirin ve soğutmadan önce oda sıcaklığına soğutun. En az 2 saat.

94. Hindistan Cevizli Panna Cotta, Böğürtlen, Kekik ve Sloe Cin ile

yapar: 6-8 porsiyon

İÇİNDEKİLER:
PANNA COTTA İÇİN
- 3 su bardağı hindistan cevizi kreması
- 1/2 bardak bal
- 1 yemek kaşığı limon suyu
- 1/2 inç vanilya fasulyesi, bölünmüş
- 2 yemek kaşığı sıcak su
- 1 yemek kaşığı şekersiz toz jelatin

BÖĞÜTÇE, KEKİK VE SLOE CİN KOMPOSTASI İÇİN
- 1 bardak böğürtlen
- 1 yemek kaşığı limon suyu
- 1/4 çay kaşığı kıyılmış kekik
- 2 yemek kaşığı şeker
- 1 yemek kaşığı yaban eriği cin
- 1 1/2 çay kaşığı mısır nişastası

TALİMATLAR
PANNA COTTA İÇİN

a) Üst kısmı kapatılabilen büyük bir kavanozda hindistancevizi kremasını, balı ve limon suyunu birleştirin ve birleştirmek için karıştırın. Kavanozu kapatın ve 8 saat veya gece boyunca bekletin.

b) Ertesi gün, hindistancevizi kreması karışımını vanilya çekirdeği ile orta ateşte ısıtın ve iyice ısınana kadar sık sık karıştırın. Sıcaktan uzak.

c) Sıcak suyu jelatin ile küçük bir kapta birleştirin ve jelatin eriyene kadar karıştırın. Bunu ısıtılmış hindistancevizi kremasına ekleyin ve iyice karıştırın.

ç) Ramekinlere bölün ve oda sıcaklığına soğumaya bırakın. En az birkaç saat boyunca buzdolabına aktarın.

BÖĞÜTÇE, KEKİK VE SLOE CİN KOMPOSTASI İÇİN

d) Böğürtlenleri, limonu, kekiği ve şekeri küçük bir tencerede orta-düşük ateşte birleştirin ve şeker eriyene kadar sürekli karıştırın.

Karışımı, meyveler yumuşayana ve parçalanmaya başlayana kadar yaklaşık 7 dakika kaynamaya bırakın.

e) Bu arada mısır nişastasını ve yaban eriği cinini küçük bir kasede birleştirin ve mısır nişastası eriyene kadar karıştırın. Meyveler yumuşayınca yaban eriği cin karışımını ekleyin, sık sık karıştırın ve sos hafifçe koyulaşana kadar birkaç dakika kısık ateşte kaynamaya devam edin.

a) Panna cotta'nın üzerinde ılık veya oda sıcaklığında servis yapın!

95. Şeftali Vanilya Fasulyesi Panna Cotta Romlu Krem Şanti

Yapım: 4

İÇİNDEKİLER:
ŞEFTALİ PANNA COTTA KATMAN İÇİN
- 3 orta boy doğranmış şeftali
- ¼ bardak + 3 yemek kaşığı tam yağlı süt
- ½ yemek kaşığı jelatin yaklaşık 1 paket ikiye bölünmüş
- ¾ bardak ağır krema
- 2 yemek kaşığı toz şeker
- bir tutam tuz

VANİLYA FASULYE PANNA COTTA KATMAN İÇİN
- 1 çay kaşığı vanilya fasulyesi ezmesi veya 1 vanilya çekirdeği kabuğu kazınmış
- ¼ bardak tam yağlı süt
- ½ yemek kaşığı jelatin
- ½ bardak ağır krema
- 1 yemek kaşığı esmer şeker
- 3 yemek kaşığı toz şeker
- bir tutam tuz

romlu krema
- ⅓ bardak ağır krema
- 2-3 yemek kaşığı beyaz rom, ilave tatlandırıcı yok

TALİMATLAR
ŞEFTALİ PANNA COTTA KATMAN İÇİN
a) Doğranmış şeftalileri blenderde smoothie kıvamına gelinceye kadar püre haline getirin. İnce bir süzgeçten geçirin ve posasını atın. ⅓ bardağı bir kavanoza bölün ve bir araya gelinceye kadar buzdolabında soğutun. En az 300 ml şeftali püresi kalmalıdır.
b) Sütle doldurulmuş küçük bir ölçü kabında jelatini sütün içine serperek jelatini kabartın. Karıştırmayın ve 5 dakika bekletin.
c) Orta boy bir tencerede ağır kremayı, şekeri ve tuzu kaynatın. Şeker eriyene kadar ara sıra karıştırın. Karışımın kaynamasına izin vermeyin. Kaynamaya başladıktan sonra ocaktan alın ve jelatin/süt karışımını jelatin tamamen eriyene ve karışım

pürüzsüz hale gelinceye kadar çırpın. Şeftali püresini çırpın, ardından bölüştürüp servis kaplarına dökün. Kapağı kapatın ve en az 2 saat boyunca veya üst kısım sertleşinceye ve hafifçe sallanıncaya kadar soğutun.

ç) Vanilya fasulyesi panna cotta tabakası için
d) Jelatini açın ve ağır kremayı, esmer şekeri, toz şekeri ve tuzu kaynatın. Kaynamaya başladıktan sonra ocaktan alın ve jelatin/süt karışımını ve vanilya çubuğunu ekleyip çırpın.
e) Kontrol etmek için üst kısımları hafifçe vurarak veya servis kabını sallayarak önceki katmanın sertleştiğinden emin olun. Kontrol edildikten sonra vanilya çekirdeği katmanını şeftali katmanının üzerine dökün. Örtün ve 3 saat daha veya tamamen sertleşene kadar soğutun.

romlu krema için
f) Bir el mikseri kullanarak çırpılmış kremayı ve romu orta tepeler oluşana kadar çırpın.

MONTAJLAMA
g) Kavanozu bir kase sıcak suya batırarak ayrılmış şeftali püresini hafifçe ısıtın. Püreyi dökülebilir bir kıvama gelinceye kadar karıştırın, ardından set panna cottaların üzerine ince bir tabaka dökün, bir parça romlu krem şanti ekleyin ve şeftali dilimleri ile süsleyin.
ğ) Hemen tadını çıkarın!

96. Misket Limonu Eklenmiş Berry Panna Cotta, meyveler ve gazoz ile

Yapar: 3

İÇİNDEKİLER:
- Misket Limonu Demlenmiş Panna Cotta
- 450 gr krema {Amul, %20 yağ}
- 40 gr şeker
- 1/2 limon kabuğu rendesi
- 2 çay kaşığı jelatin
- 1 bardak çilek
- 500 ml şampanya
- 200 gr karışık taze meyveler
- Birkaç dal taze nane yenilebilir çiçekler

TALİMATLAR
a) 400 gr kremayı şekerle birlikte şeker eriyene kadar ısıtın. Limon kabuğu rendesini ekleyin ve yaklaşık bir saat kadar demleyin.
b) Jelatini kalan 50 ml kremayla 5 dakika yumuşayana kadar kabartın.
c) Kremayı tekrar ısıtın ve ocaktan alın.
ç) Çiçeklenmiş jelatini karıştırın. İyice karıştırdıktan sonra süzün ve servis bardaklarına paylaştırın. 4-5 saat buzdolabında beklemeye bırakın.
d) Ayarlandıktan sonra panna cotta'nın üzerine taze meyveler ve bir tutam nane ekleyin.
e) Gazozun üzerine dökün ve hemen servis yapın.

97. Earl Grey Panna Cotta

yapar: 4 porsiyon

İÇİNDEKİLER:
- 2 çay kaşığı Jelatin Tozu
- 2 yemek kaşığı Su
- 1 bardak Süt
- 1/4 bardak Pudra Şekeri
- 2 Earl Grey Poşet Çay
- 1 su bardağı Kalınlaştırılmış Krema
- Earl Grey Çay Şurubu

EARL GREY ÇAY ŞURUBU
- 1/3 su bardağı Su
- 1/3 su bardağı Pudra Şekeri
- 1 Earl Grey Çay Poşeti
- 1 çay kaşığı Viski *isteğe bağlı

TALİMATLAR:

a) Jelatin Tozunu küçük bir kaptaki Suya serpin ve 5-10 dakika bekletin.

b) Sütü ve şekeri bir tencerede orta ateşte ısıtın, karıştırarak kaynatın. Isıdan çıkarın.

c) Islatılmış Jelatini ekleyin, jelatin eriyene kadar iyice karıştırın, ardından karışımı biraz ısıtın, ancak kaynatmayın. Earl Grey Çay Poşetlerini ekleyin ve soğuyana kadar bir kenara koyun. Karışım oda sıcaklığında kalınlaşmayacaktır.

ç) Çay poşetlerini sıkın ve atın. Kremayı ekleyin ve birleştirmek için karıştırın. Karışımı servis bardaklarına dökün. Bunları buzdolabına koyun ve soğumaya bırakın.

d) Earl Grey Çay Şurubu hazırlamak için suyu küçük bir tencereye koyun, kaynatın, Şekeri ekleyin, karıştırın ve tekrar kaynatın. Ocaktan alıp çay poşetini ekleyin ve soğumaya bırakın. Çay Poşetlerini atın. Yeterince soğuyunca buzdolabında soğumaya bırakın.

e) Panna Cotta'yı Earl Grey Çay Şurubu ile servis edin. İsterseniz şuruba biraz viski ekleyebilirsiniz.

98. Azuki Panna Cotta

Şunu yapar: 4 ila 6 porsiyon

İÇİNDEKİLER:

- 2 çay kaşığı Jelatin Tozu
- 2 yemek kaşığı Su
- 1 bardak Süt
- 1-3 yemek kaşığı Pudra Şekeri
- 1 yemek kaşığı rom
- 1 su bardağı krema
- 2/3 bardak Tatlı Azuki Ezmesi

TALİMATLAR:

a) Jelatin Tozunu küçük bir kaptaki Suya serpin ve 5-10 dakika bekletin.

b) Sütü, Şekeri ve Romu bir tencereye koyun ve orta ateşte karıştırarak ısıtın ve kaynatın. Ateşten alın.

c) Islatılmış Jelatini ekleyin, jelatin eriyene kadar iyice karıştırın. Krema ve Tatlı Azuki Ezmesini ekleyin ve iyice birleşinceye kadar karıştırın.

ç) Karışımı servis bardaklarına veya jöle kalıplarına Azuki fasulyelerini eşit şekilde yerleştirerek dökün. Ayarlanana kadar buzdolabında bırakın.

99. Balkabağı Romlu Panna Cotta

yapar: 4 porsiyon

İÇİNDEKİLER:

- 2 çay kaşığı Jelatin
- 2-3 yemek kaşığı Su
- 1 bardak Süt
- 1/4 bardak Pudra Şekeri
- 1 yemek kaşığı rom
- 1 bardak püre haline getirilmiş Pişmiş Balkabağı, pürüzsüzce püre haline getirilmiş VEYA harmanlanmış
- 1/2 su bardağı krema
- Akçaağaç Şurubu, Muscovado Şurubu, Karamel Sos vb.

TALİMATLAR:

a) Jelatin Tozunu küçük bir kaptaki Suya serpin ve 5-10 dakika bekletin.

b) Sütü, Şekeri ve Romu bir tencereye koyun ve orta ateşte karıştırarak ısıtın ve kaynatın. Ateşten alın.

c) Islatılmış Jelatini ekleyin, jelatin eriyene kadar iyice karıştırın. Kremayı ve pürüzsüzce püre haline getirilmiş Balkabağını ekleyin ve birleştirmek için karıştırın.

ç) Karışımı servis bardaklarına veya jöle kalıplarına dökün. Bunları buzdolabına koyun ve soğumaya bırakın.

d) Akçaağaç Şurubu, Muscovado Şurubu veya seçtiğiniz sosla servis yapın.

100. Siyah Susamlı Panna Cotta

yapar: 4 porsiyon

İÇİNDEKİLER:

- 2 su bardağı Süt ve Krema
- 4 yemek kaşığı Şeker
- 3-4 yemek kaşığı Kavrulmuş Siyah Susam Tohumu, öğütülmüş
- 1 yemek kaşığı Mısır Nişastası VEYA Patates Nişastası
- 2 çay kaşığı (6 ila 8g) Jelatin Tozu
- 2 yemek kaşığı Su
- 1-2 çay kaşığı Rum veya Brendi
- 1/2 çay kaşığı Vanilya Ekstraktı

TALİMATLAR:

a) Jelatin Tozunu küçük bir kaptaki Suya serpin ve ıslatın.

b) 3 ila 4 yemek kaşığı Çörek Otu Tohumunu bir tencere kullanarak birkaç dakika veya aroması çıkana kadar kızartın. Kavrulmuş Susam Tohumlarını Japon havanına, yiyecek öğütücüsüne veya küçük mutfak robotuna yerleştirin ve macun haline gelinceye kadar öğütün.

c) Susam Ezmesine Sütü ekleyip tekrar işleyin. Kabukları çıkarmak için karışımı süzmek isteyebilirsiniz.

ç) Süt ve Susam Tohumu karışımını, Krema, Şeker ve Nişastayı bir tencereye kısık ateşte koyun, Şeker eriyene ve karışım koyulaşana kadar karıştırın. Ateşten alın.

d) Islatılmış Jelatini ekleyin ve jelatin eriyene kadar iyice karıştırın. Rom veya Brendi ve Vanilya Ekstraktını ekleyin, iyice karıştırın. Hafifçe soğuması için bir kenara koyun.

e) Karışım yeterince soğuyunca bardaklara dökün. Bunları buzdolabına koyun ve soğumaya bırakın.

f) Daha fazla susam aroması istiyorsanız Susam Çekirdeği Ezmesi ve Pudra Şekerini karıştırarak üst kaplama macunu yapın. Üzeri için krem şanti de güzel olacaktır.

g) Jelatinsiz Versiyon: Jelatin yerine 1/2 bardak Siyah Chia Tohumu ekleyin ve iyice karıştırın. Bardaklara dökün. Bunları buzdolabına koyun ve soğumaya bırakın.

ÇÖZÜM

Panna Cotta, İtalya'daki restoran ve otellerde servis edilen ünlü bir İtalyan tatlısıdır. Artık dünya çapında popülerlik kazanmıştır ve birçok kişinin favori tatlısıdır. Panna Cotta kelimesi 'pişmiş krema' anlamına gelir. Çeviriden de anlaşılacağı gibi tatlı, jelatinle tatlandırılıp koyulaştırılan kremadan oluşuyor. Karışım daha sonra bir kalıba yerleştirilir ve ertesi gün soğuk olarak servis edilir. Genellikle krema vanilya, kahve ve diğer aromalarla tatlandırılır.

www.ingramcontent.com/pod-product-compliance
Lightning Source LLC
Chambersburg PA
CBHW071308110526
44591CB00010B/830